# はじめに

　2022年10月に出版しました前著『「ニュース英語」の読み方』はその高度な内容にもかかわらず、幸いにも大変多くの読者の方々からご好評をいただくことができました。特に、英語を教える仕事など英語教育の専門家の方々から望外に高い評価を頂戴し、本当にありがたく恐縮しております。

　本書は、そのように前著が多くの読者の方々からご支持いただいたことを受けて、出版する運びとなったものです。前著ではニュース英語の特徴として、

①ニュース英語は情報追加型
②無生物主語を偏愛する
③言い換え表現が大好き
④生きた表現の宝庫である引用文が多い
⑤感情表現が豊かである
⑥比喩表現が頻出する

という6つを挙げ、それぞれに関する具体的ニュース記事をご紹介させていただきました。

　本書では、前著では紙幅の関係から必ずしも十分に書くことができなかったことだけでなく、前著ではまったく触れることができなかったニュース英語のその他の大きな特徴についても具体的な記事をもとに詳述しました。

具体的には、

①感情表現（批判語と称賛語）
②遊び心と言葉遊び
③辛辣な風刺と皮肉
④絶妙な形容詞
⑤生き生きとした口語表現
⑥連続した同義語・類義語

という6つのさらなる特徴です。

　すでにお気づきになった方もいらっしゃるかもしれませんが、これらのうち、①の「感情表現」については前著の第7章でも批判や非難、さらには苛立ちの表現などについてご紹介させていただいています。

　しかし、ニュース英語に出てくる批判語や非難語は本当に数多くありますので、本書では特に口語表現としてよく使われる批判語や非難語を中心に新たにご紹介しました。

　また、前著では批判語や非難語の反対に当たる称賛語についてはまったくご紹介することができませんでしたので、本書では称賛語についても特にニュース英語によく出てくる語や表現を中心にご紹介させていただいています。

　**第3章から第7章は、前著ではまったく触れていない新しい項目です。**特に、第3章の「遊び心と言葉遊び」、第4章の「辛辣な風刺と皮肉」、第7章「連続した同義語・類

義語」については、ニュース英語を読むときのポイントとして、これまで誰も指摘したことがなかったのではないかと密かに自負しています。

　また、第5章「絶妙な形容詞」と第6章の「生き生きとした口語表現」についても、ニュース英語を読むときにぜひ注目していただきたいポイントで、**これらに注意しながらニュース英語を読み進めていくことが、何よりも実践で役立つ英語力の向上に資することになります。**

　なお、本書でご紹介したニュース英語記事については、前著と同様に、読者の皆様にとって比較的なじみがあって興味深く、しかも皆様が覚えておられるような、できるだけ最近の話題を取り上げるようにしました（一部、多少古い記事もありますが）。したがって、取り上げた大半のニュース記事は2022〜2023年にかけての記事になっています。

　ニュース英語記事を読むというのは単に英語を勉強することだけが目的ではありません。**その内容についてもしっかり勉強することがより重要です。**往々にして、英語好きな方の中には記事の内容はそっちのけで、とにかく記事に出てくる単語や語句など英語面ばかりに注意を向ける人が散見されます。

　もちろん、そうした読み方をすることも本人の自由ですが、**何かを読むということは、まずはその内容を理解し、それをもとに考えていくということが本道である**ことを忘れないようにしたいものです。

そのような考えから、本書ではただ単にニュース英語によく出てくる単語や表現について説明・解説を行うだけでなく、記事の内容を理解することが最も大切であるという観点から、記事に書かれた内容の背景説明についても可能な限り盛り込みました。

　前著と本書を合わせて読んでいただければ、ニュース英語の特徴についてはほぼすべて知っていただけると思います。その意味では、この2冊を合わせればこれ以上ない「ニュース英語大全」となり、皆様のニュース英語に対する見方が根本的に変化し、ニュース英語をこれまで以上により深く味わって読んでいただけるようになると確信しています。

　最後になりましたが、前著に続き、今回も出版に当たりましては、ディスカヴァー・トゥエンティワンの藤田浩芳氏と三谷祐一氏の両氏に大変お世話になりました。そのご厚誼に対しまして心より感謝申し上げます。ありがとうございました。


　　2024年2月

三輪裕範

# 第 1 章
# ニュース英語を読むときの
# キーポイント（おさらい）

# 第 2 章
# 感情表現（批判語・称賛語）

# 第3章
# 遊び心と言葉遊び

# 第4章
# 辛辣な風刺・皮肉

# 第 5 章
# 絶妙な形容詞の使い方

# 第 6 章
# 生き生きとした口語表現

# 第 7 章
## 連続した同義語・類義語

# 第 1 章

---

## ニュース英語を読むときの
## キーポイント
### （おさらい）

本書をお読みいただいている読者の中には、前著『「ニュース英語」の読み方』をまだお読みでない方もいらっしゃるかもしれません。

　そのような方々の便宜も考えて、前著で取り上げたニュース英語の6大特徴である、

①ニュース英語は情報追加型
②無生物主語を偏愛する
③言い換え表現が大好き
④生きた表現の宝庫である引用文が多い
⑤感情表現が豊かである
⑥比喩表現が頻出する

について、おさらいの意味も込めて、それぞれの項目の要点を最初に書いておきたいと思います。

　なお、すでに前著をお読みいただいた方については、ここの部分は重複しますので飛ばしていただいても結構です。

## おさらい❶：ニュース英語は情報追加型

　ニュース英語の特徴としてまず挙げなければならないのは、**ニュース英語の文章は欠けている情報を後から、次から次に追加していく**という情報追加型の文章構造になっていることです。

　こうした情報追加型の文章構造についてはニュース英語以外の一般の英語でも見られるものですが、それが非常に特徴的になっているのがニュース英語の記事です。

　情報追加型の記事として下記にご紹介するのは、ロシアのウクライナ侵略が開始されてから数週間後に行われたアメリカのサリバン国家安全保障担当補佐官と中国の外交担当最高当局者（top Chinese official）との会談に関する記事です。

U.S. national security adviser Jake Sullivan **pressed** a top Chinese official **over** China's alignment with Russia **during** what U.S. officials said was an intense, seven-hour meeting **that** included discussion of the Russian invasion of Ukraine.

(Wall Street Journal, 2022/3/14)

●語注

| | | |
|---|---|---|
| press | 動 | 迫る、追求する |
| alignment | 名 | 連携、支援 |

| intense | 形 | 激しい、緊迫した |
| invasion | 名 | 侵略 |

訳 ─────────────────────────────

アメリカの安全保障担当補佐官であるジェイク・サリバンは、ロシアのウクライナ侵略に関する議論も含めた、アメリカの政府高官によると緊迫した7時間にもわたる会談において、中国がロシアと連携していることについて中国当局者に迫った。

─────────────────────────────

　記事の最初の方にサリバン補佐官が中国の外交トップの政府高官にpressしたとありますが、このpressは"プレッシャーをかける"とか"迫る"という意味です。

　では、サリバン補佐官は何についてpressしたのでしょうか。その後に出てくるoverという前置詞以下に"中国がロシアと行動を一体化させていること"（China's alignment with Russia）と書かれています。

　そして、そのようなアメリカ側の懸念をどのような場で中国側に伝えたのかというと、それは、その後に出てくるduringという前置詞以下に書かれています。アメリカ側の政府高官が語ったところ（what U.S. officials said was）によると、それは"張り詰めた7時間にも及ぶ会談"（an intense, seven-hour meeting）の場でした。

　さらに記事では、7時間にも及んだその会談では、thatという関係代名詞を使って、"ロシアのウクライナ侵略に関する議論もした"（that included discussion of the Russian invasion of Ukraine）と書いています。

このように、ニュース英語というのは、前から順番にそのまま読んでいけば、欠けている情報が次から次に提供されていき、自然に意味を理解できるようになっています。

上記のニュース記事では、こうした追加情報提供の橋渡し役を果たしてくれているのは、overやduringなどの前置詞と、thatという関係代名詞でしたが、これら以外にもそうした橋渡し役を務めるものは数多くあります。

たとえば、関係代名詞としては、thatのほかにもwho, which, whatなどがありますし、関係副詞のwhereなどもニュース英語では橋渡し役として頻出します。

それ以外にも、現在分詞や過去分詞、asやwhileなどの接続詞、**that**節、同格の**of**、カンマやダッシュなども追加情報を提供するための橋渡し役として頻繁に登場しています。

## おさらい❷：無生物主語を偏愛する

ニュース英語の2つ目の特徴は、無生物主語が非常によく出てくるということです。もちろん、無生物主語はニュース英語以外の一般の英文にもよく出てきますが、その頻度はニュース英語が群を抜いて多くなっています。

言うまでもなく、無生物主語とは、人間や動物のような生命を持たない事物が主語になることです。こうした無生物主語は日本語では不自然に感じられることが多いのですが、**英語ではむしろその方がより自然に感じられます**。

次にご紹介するニューヨーク・タイムズの記事などは、

まさにそうした無生物主語を使った典型的なものです。まずは一度お読みください。

Easter weekend **saw** a resurgence of tourist activity in some U.S. cities, suggesting what could be a turning point for the tourism industry as Covid-19 vaccinations pick up and more businesses reopen across the country.

(New York Times, 2021/4/11)

●語注

| | | |
|---|---|---|
| resurgence | 名 | 復活、再燃 |
| vaccination | 名 | ワクチン接種 |
| pick up | 熟 | 上向く、好転する |

訳 ―――――――――――――――――――――――――――

アメリカのいくつかの都市では、イースターの週末に観光客の活動が再び活発になった。新型コロナウイルスのワクチン接種が増え、全国的により多くの商業活動が再開されるなか、これは旅行業界にとっては良い転換点になるかもしれない。

この記事が書かれた2021年4月というのは、アメリカでコロナワクチンの接種が他国に先駆けて本格化しつつある時期でした。

こうしたワクチン接種の本格化という状況もあり、その

当時、アメリカ国内ではコロナ感染の拡大に対して、いくぶん楽観視するような雰囲気が出はじめていました。そのため、例年人手が多くなるイースターの週末に、それまで家にこもっていた人たちも、ここぞとばかりに外出するようになり、旅行に出る人も活発化（resurgence）するようになったのでした。

　このニュース記事では、そんな状況を "Easter weekend saw a resurgence of tourist activity" と、**"Easter weekend"** という無生物を主語として、それが "resurgence of tourist activity" を見た（**saw**）という形で表現しているわけです。

　こうした無生物主語の後によく使われる動詞としては、この see のほかに、**find, suggest, experience, require** などさまざまなものがあります。


## おさらい❸ : 言い換え表現が大好き

　ニュース英語の3つ目の特徴は、驚くほど言い換え表現が好きだということです。その理由の一つは、ニュース記事というのはその記事に対する読者の興味を持続させないと読んでもらえませんので、**いかにして読者を飽きさせないようにするか、記者は人一倍気を使っている**からです。

　もし記事が同じような単語や語句ばかり繰り返し使うような単調で退屈な文章になっていれば、誰もその記者が書いた記事を読まなくなってしまいます。そうならないようにするためにも、記者は面白い内容の記事を書くのはもちろんのこと、文章の中で同じ単語や語句を繰り返す愚を犯

さないよう、表現上の技巧にも大変気を使っているのです。
　また、同じ単語や語句を繰り返して使うと、英文が稚拙な印象を与えることになり、それを書いた記者の教養のなさを示すことにもなりますので、記者はできるだけ同じ単語や語句を使わずに、それを別の単語や語句に言い換える努力をするわけです。
　次にご紹介するのは、テニスの大坂なおみ選手に関する短い記事ですが、こんな短い文章の中でも2つも単語の言い換えが出てくることに注目してください。

The pressures of **tennis** world have caused Osaka to consider taking a **hiatus** from **the sport** in the past. Last year, she announced that she was considering a **break** from tennis.

(NBC NEWS, 2022/3/14)

## ●語注

| cause | 動 | ～の原因となる、～を引き起こす |
| hiatus | 名 | 中断、一時停止 |

## 訳

テニスの世界におけるプレッシャーの大きさは、過去に大坂選手がそのスポーツを一時的に中断することを考慮させることになった。昨年、彼女はテニスを一時的に中断することを考えていると発表した。

注目していただきたいのは、太字にした "hiatus" と "break"、"tennis" と "the sport" という4つの単語です。

　まず、"hiatus" は英検1級クラスのかなりの難単語の1つで、「中断」「一時停止」などという意味です。では、この "hiatus" がどの単語に言い換えられているかというと、それは文末近くにある "break" という単語です。

　では、"hiatus" のすぐ後ろに出てくる "sport" はどうかというと、それは言うまでもなく "tennis" を言い換えているわけです。

　すなわち、"a hiatus from the sport" と "a break from tennis" はまったく同じことを、違った単語を使ってうまく言い換えているわけです。

## おさらい❹：生きた表現の宝庫である引用文が多い

　ニュース英語の4つ目の特徴は、文中に引用文が非常に多いということです。しかも、それらの引用文が生きた英語表現を学べる宝庫になっているということです。

　「今現在起こっていることを報道する」という、まさにジャーナリズムそのものの本質的性格もあり、ニュース英語記事にはネイティブが日常で非常によく使う、これぞ "生きた英語" "斬れる英語" とも呼ぶべき英語表現が頻出します。

そんな中でも、特に生きた英語や斬れる英語表現の宝庫になっているのが引用文なのです。

次にご紹介するのは、レモンド商務長官がコロナ禍の真っただ中にあったアメリカ経済の状況についてNBC放送のインタビューに答えたものですが、アメリカ経済の状況を生き生きとした口語表現で描写しています。

"I think that this pandemic has gone on for a very long time," Commerce Secretary Gina Raimondo told NBC News, "people are frustrated. Mom and dads are still struggling, will school be open today? Inflation is real and it's in everything. It's a combination of Covid and increased prices and the supply chain disruptions." "I think **the fundamentals are there,**" Raimondo said. "People are making more money. But we've got to get past Covid."

(NBC NEWS, 2022/1/27)

●語注

| struggle | 動 | もがき苦しむ |
|---|---|---|
| disruption | 名 | 混乱 |
| fundamental | 名 | 基本、基礎的条件 |

訳 ―――

「このコロナ感染は大変長い間続いてきました。また、人々はフラストレーションを感じていますし、お母さん

やお父さんは今も困っています。今日は学校は開くのかしら。インフレは本物で、すべてのものがインフレの影響を受けています。これはコロナと物価上昇とサプライチェーンの混乱が組み合わさったものなのです」とジーナ・レモンド商務長官はNBC NEWSに対して語った。さらに、レモンド長官は次のようにも語った。「しかし、アメリカ経済の基礎的条件はしっかりしていると思います。人々は以前よりも多くの収入を得ています。しかし、コロナはやはり克服しなければなりません」。

---

　前半の2つ目の引用文 "people are frustrated. ----- the supply chain disruption." の部分は、「人々は苛立っています。お母さんやお父さんは今も困っています。今日は学校は開くのかしら。インフレはまさに現実のもので、すべてのものがインフレの影響を受けています。現状はコロナ、インフレ、そしてサプライチェーンの混乱がすべて同時に起こっているのです」という意味で、レモンド長官はアメリカ経済が大変な状況になっていることを率直に認めています。

　しかし、後半の引用文では、"I think the fundamentals are there" と、まさにこれこそ生きた英語表現の手本とも呼ぶべき表現を使ってアメリカ経済の状況を明確に述べています。
　ここでは、"fundamentals" という言葉が使われていますが、これは "経済の基礎的条件" のことを意味します。
　つまり、レモンド長官がここで言わんとしているのは、

コロナやインフレでアメリカ経済は確かに大変な状況にはなっているが、"アメリカ経済の基礎的条件はしっかりしている"ということです。

レモンド長官のこの発言には難しい単語は1つも入っていませんが、まさにネイティブならではの非常に生き生きとした口語表現になっています。

受験英語に出てくるような英文は言うまでもなく、英検やTOEIC、TOEFL、IELTSなどの英語検定試験の勉強をいくらしても、こうした斬れば血が噴き出てくるような生きた口語表現を学ぶことはなかなかできません。

受験英語や検定試験英語などの一段上をいく英語を目指す方には、ニュース英語の引用文にぜひ注目していただきたいと思います。


## おさらい❺：感情表現が豊かである

ニュース英語の5つ目の特徴は、喜怒哀楽などの感情表現が大変豊かだということです。

公正中立を旨とし、読者から批判されないことに過剰なまでの神経を使う日本の新聞では、AがBを「批判した」とか「怒鳴った」とか、あるいはAはBに対して「苛立った」とか「困惑した」などといった人間の生の感情をそのままストレートな形で表現することはあまり好ましくないと考えられています。そのため、記事にそうした生の感情表現が出てくることはほとんどありません。

それに対して、欧米の主要メディアのニュース記事では、喜怒哀楽を含めた感情表現が頻出します。

　次にご紹介するニューヨーク・タイムズの記事などはまさにその典型的なもので、「激怒、激怒する」という激しい名詞と動詞の感情表現が使われています。

Senate Republicans have generally take a more conciliatory tack than their House counterparts, with their leaders pleading with conservatives to drop their hesitance and get vaccinated.（中略）But others were happy to **pile on the outrage**. Senator Ted Cruz of Texas **fumed**, "the science hasn't changed. Only the politics has."

(New York Times, 2021/7/28)

## ●語注

| | | |
|---|---|---|
| conciliatory | 形 | 妥協的な、融和的な |
| tack | 名 | 方針 |
| hesitance | 名 | 躊躇 |
| outrage | 名 | 激怒、立腹 |
| fume | 動 | 激怒する |

## 訳

　一般的に、上院共和党はその指導者たちが保守派に対してコロナワクチンに対する躊躇をやめてワクチン接種を行うように訴えるなど、下院共和党の同僚たちよりもよ

り融和的な方針を取っている。（中略）しかし、上院共和党議員の中にはワクチン接種に対する激怒をぶちまける者もいた。テキサス州選出のテッド・クルーズ上院議員は「科学は何も変わっていない。政治だけが変わったのだ」と激怒した。

この記事はアメリカでコロナ感染が非常に拡大しているときのもので、全体として共和党の上院議員たちはワクチン接種に対して比較的融和的な立場をとっていました。しかし、中にはこの記事に出てくるテッド・クルーズ上院議員のように激しく反対する議員もいたのでした。

このようにワクチン接種に対してクルーズ議員が激しく反対する様子を、この記事では「激怒をぶちまける（pile on the outrage）」「激怒した（fumed）」という非常に強い感情を表す言葉を使って表現しています。

「激怒した」などという非常に激しい感情表現は、日本の新聞記事では刺激が強すぎてまずお目にかかることはあまりありませんが、欧米主要メディアのニュース記事ではごく当たり前のものとして頻繁に出てきます。

## おさらい❻：比喩表現が頻出する

ニュース英語の6つ目の特徴は、物事を見たまま聞いたまま直接的に表現するのではなく、**比喩を使うなど技巧を**

凝らした表現をすることが非常に多いということです。

　ニュース英語にとって何よりも大切なことは、ダイナミックで生き生きとした語句を使って表現することです。なぜなら、そうした比喩なども含めたさまざまな表現上の技巧を駆使しない記事はなかなか読者に読んでもらえないからです。つまり、読者は記者が書く記事に対してそうした表現上の技巧を当然のものとして求めるのです。

　そして、そんな表現上の技巧として欧米メディアの記者が最も多く使うのが比喩表現なのです。

　次にご紹介するのは、2022年2月に北京で行われた冬季オリンピックにおけるノルウェー選手の活躍について書いたワシントン・ポストの記事です。この記事でも秀逸な比喩表現が出てきます。

Even with his national anthem containing the word "rugged," plus the lyric, "Sure, we were not many, but we were enough," and with that **pulmonary superiority** over others forged from lifelong inhalation of frigid air while cross country skiing from ages such as 2, Norway still can win.

(Washington Post, 2022/2/15)

●語注

| national anthem | 名 | 国歌 |
| rugged | 形 | 荒々しい |
| pulmonary | 形 | 肺の |

| forge | 動 | 築く、構築する |
| inhalation | 形 | 吸い込むこと |
| frigid | 形 | 極寒の |

訳 ————————————————————

彼の国歌には「荒々しい」という言葉に加えて、「確かに我々国民の数は多くなかったが、それでも十分であった」という歌詞が入っており、さらに2歳ぐらいのときからクロスカントリースキーをしながら極寒の空気を一生吸い続けてきたことによって形成された他者に勝る肺機能の優越性もあり、ノルウェーは今でもオリンピックで勝つことができるのである。

ノルウェーは人口550万人という小国です。しかし、そんな小国であるにもかかわらず、ノルウェーは北京冬季オリンピックで、金16、銀8、銅13の合計37のメダルを獲得するなど、他国を寄せつけない圧倒的な強さを見せつけました。

では、ノルウェーはなぜそんなに強かったのでしょうか。それは、この記事によると、ノルウェー国民の多くが2歳のときからクロスカントリースキーを始め、「生涯にわたり極寒の空気を吸い込み続けた（lifelong inhalation of frigid air）」ことによって、他国の選手に勝る「肺の優位性（pulmonary superiority）」を獲得できたからだとしています。

この「肺の優位性」という比喩表現は本当に秀逸で、こ

うした表現は日本の新聞や雑誌ではなかなかお目にかかれないものです。

　その意味では、**ニュース英語を読むことは、日本語の表現力を磨き、より豊かな日本語力を身につけるうえでも大いに役立つ**と言えるでしょう。


　以上ここまで、前著『「ニュース英語」の読み方』で取り上げましたニュース英語の6大特徴の概略について、簡単に「おさらい」をさせていただきました。

　こうしたニュース英語の6大特徴について、前著では非常に多くのニュース英語記事を使ってよりくわしく細かに解説していますので、まだお読みでない方はぜひお読みいただければ幸いです。

# 第 2 章

## 感情表現（批判語・称賛語）

では早速、『「ニュース英語」の読み方』の続編に取りかかることにいたしましょう。

　最初に取り上げるのはニュース英語に頻出する**批判、非難、怒り、苛立ち、嘆きなどの感情表現**についてです。前記のとおり、こうしたニュース英語に頻出する感情表現については前著でもかなりくわしく取り上げました。

　ただ、前著ではニュース英語の感情表現として最もよく出てくる批判、非難、怒りの表現についてはその代表的なもののいくつかを提示できただけでした。

　しかし、ニュース英語で実際に出てくる批判や非難の表現は非常に多彩で、ほかにもさまざまな表現で出てきます。本書では、前著で取り上げることができなかった批判や非難語についてもう少しご紹介していきたいと思います。

　基本的にニュース記事というのは政治にしても経済にしてもあまり良いことが書かれることはなく、どうしても対立や紛争、憎悪や中傷といった悪いことが中心になります。そのため、ニュース英語ではこうした批判、非難語がほかの中立的、一般的な語彙表現よりもはるかに重要な役割を果たすことになるわけです。

　その意味では、「批判語・非難語を制する者がニュース英語を制する」といっても過言ではなく、まさに**批判語・非難語こそが「ニュース英語のスター」**といってもいいでしょう。

　日本人の場合は、受験英語や英検、TOEIC、TOEFLな

どで英語を勉強することが多いと思いますが、そのような「良い子ちゃん英語」には、ニュース英語、映画、ネイティブの会話などで頻出する下品な言葉も含めた批判語や非難語はほとんど出てきません。もちろん、そうした「まともな英語」を学ぶことはとても重要なことです。

しかし、そうした種類の英語ばかりを勉強していては、いつまでたってもニュース英語はもとより、映画もネイティブの会話を理解することも、ついていくこともできません。

そうした「良い子ちゃん英語」から脱し、**ネイティブが日頃話しているような生きた、斬れる英語表現を最も効率よく勉強できる**のがニュース英語なのです。そんな「良い子ちゃん英語」を勉強してきた方にとって最もなじみがないのが、ニュース英語で手を変え品を変え出てくる批判語・非難語です。

それでは、ニュース英語に頻出する批判語・非難語を具体的に見ていくことにしましょう。

前著ではそうした批判語・非難語として、criticize, fault, assail, accuse, pillory, condemn, lash at, berate, vitriol, fumeなどを紹介しましたが、ニュース英語に出てくる批判語・非難語はこんなものではありません。その言い方は非常に多種多彩で、よくもこれだけ多くの批判語・非難語があるものだと本当に驚かされます。

## 酷評や批判を表すroastとtorch

　では最初に、批判語としてニュース英語でよく出てくる動詞を2つご紹介しておきましょう。具体的には、roastとtorchという動詞です。

　roastとtorchには「焼く」とか「火をつける」という意味があり、そこから転じて「酷評する」「強く批判する」という意味としてよく使われるようになっています。

　両語ともそれほど難しい単語ではありませんが、このような使い方は受験英語や検定試験英語のような「正統派の英語」では学べないでしょう。

　次の記事はニューヨーク・タイムズが掲載した"Is It Safe to Go Outside?"という記事が不必要に人々の不安を煽るものであったと、特に保守派の人間から批判されていることを伝えたものです。

The New York Times is being **roasted** online for "fear-mongering" over an article questioning whether it is "safe to go outside" this summer. The article, headlined "Is It Safe to Go Outside? How to Navigate This Cruel Summer," was published on Thursday and presents a "guide to determine when it's safe to head out," in light of the recent heat wave, flash flooding and smoke from wildfires experienced across the country. （中略）
The piece was **torched** by conservatives online who ac-

cused the Times of stoking the fire of climate change fears
and recommending people wear masks when the air qual-
ity is poor.

(New York Post, 2023/7/23)

## ●語注

| | | |
|---|---|---|
| fear-mongering | 名 | 恐怖を煽ること |
| head out | 熟 | 外出する |
| in light of | 前 | 〜を踏まえると |
| heat wave | 名 | 熱波 |
| flash flooding | 名 | 鉄砲水 |
| wildfire | 名 | 山火事 |
| piece | 名 | 記事 |
| conservative | 名 | 保守派の人間 |
| stoke | 動 | 煽る |

## 訳

ニューヨーク・タイムズは、この夏外出するのが安全で
あるかどうかを疑問視するその記事が恐怖を煽り立てて
いるとしてオンライン上で酷評されている。その記事は
「外出するのは安全か？　今年の残酷な夏を乗り切る方
法」と題され木曜日に掲載されたもので、全米で見られ
る最近の熱波、鉄砲水、山火事からの煙などを踏まえ、「い
つ外出するのが安全かを決めるための指針」を提示して
いる。

その記事は気候変動の恐怖の火を煽り、大気の状況が悪いときはマスクを着用することを勧めているとして、タイムズを批判している保守派によってオンライン上で痛烈に非難されている。

---

　記事の冒頭、ニューヨーク・タイムズがオンライン上で「酷評されている（**being roasted**）」とあります。では、なぜroastされているのかといいますと、それは同紙が掲載した記事が外出することが安全かどうかについて疑問を呈し、恐怖を煽っている（for "fear-mongering" over an article questioning whether it is "safe to go outside" this summer）」からだと書かれています。

　そして、次の文章でその記事の題名や概略を説明したあと、最後の文章では記事が「気候変動の恐怖についての火を煽り、大気の状況が悪いときにはマスクを着けることを勧めている（stoking the fire of climate change fears and recommending people wear masks when the air quality is poor）」として、そのニューヨーク・タイムズの記事は保守派から強く批判されている（**was torched**）としています。

　なお、語注にも書きましたように、fear-mongeringは「恐怖を煽ること」という意味ですが、mongerは「商人」とか「〜屋」という多少侮蔑的ニュアンスのある語で、war-mongerは戦争を煽る「戦争屋」、hate-mongerは「憎悪を煽る人間」という意味でニュース英語ではよく出てきます。

また、この英文ではfear-mongeringが、文章の最後の方にあるstoking the fire of climate change fearsと言い換えられていることにもぜひ注意していただきたいと思います。


## 攻撃・批判のripとrip into

　批判語・非難語としてニュース英語でよく使われるもう1つの動詞が**rip**です。

　ripについては、受験英語や各種検定試験のような正統派の英語では「〜を引き裂く」という意味で使われることが多いと思います。もちろん、そうした意味を覚えておくことも重要ですが、それだけでは十分ではありません。

　ニュース英語では**rip**は「〜を引き裂く」という意味よりも、「**〜を強打する**」「**〜を激しく攻撃、批判する**」という意味で使われることの方がはるかに多いからです。

　ripが出てくる英文として次にご紹介するニュース記事は、2023年9月にインドで開催されたG20サミットに関するもので、このときにバイデン大統領は、かつて彼が国際社会の「除け者（pariah）」とまで呼んだことがあるサウジアラビアのモハンマド皇太子と握手を交わしたという内容です。

President Biden bestowed a warm handshake on Mohammed bin Salman, the Crown Prince of Saudi

Arabia, Saturday – flashing a big grin while chatting up the man he once **ripped** as an international "pariah."

The friendly three-way clasp with the prince and Indian Prime Minister Narendra Modi came Saturday at the G20 summit in New Delhi – 14 months after Biden's notorious fist-bump with the de facto Saudi leader, who has been accused of a string of human rights abuses.

(New York Post, 2023/9/9)

●語注

| | | |
|---|---|---|
| bestow | 動 | 授ける、授与する |
| Crown Prince | 名 | 皇太子 |
| flash | 動 | 微笑などを投げかける、見せる |
| grin | 名 | 歯を見せてにっこり笑う |
| pariah | 名 | 除け者 |
| clasp | 名 | 握手、抱擁 |
| notorious | 形 | 悪名高い |
| de facto | 形 | 事実上の |
| a string of | 熟 | 一連の |

訳 ─────────────────────

バイデン大統領は土曜日、サウジアラビアのモハンマド・ビン・サルマン皇太子に暖かな握手を授けた。その際、大統領はかつて彼が国際的な「除け者」と酷評した人間と談笑しながら歯を大きく見せて笑った。

皇太子とインドのナレンドラ・モディ首相を交えた3者の親しげな握手はニューデリーで土曜日に開催されたG20サミットの場で起こった。それは、一連の人権侵害で批判されてきた事実上のサウジの指導者とバイデンがあの悪名高きフィスト・バンプを行ってから14か月後のことであった。

---

冒頭でこの文章の核心的内容として、バイデン大統領がモハンマド皇太子に「暖かい握手を与えた（bestowed a warm handshake）」と書かれています。そして、それに引き続いて、そのときのバイデン大統領の様子について、「かつて国際的な"除け者"として酷評した人間と歯を大きく見せて笑いながら談笑した（flashing a big grin while chatting up the man he once **ripped** as an international "pariah"）」と書き、ここで「酷評する」という意味で**rip**を使っています。

そして、その次の文章では、G20の議長国で主催者でもあったインドのモディ首相も交えてバイデン大統領、モハンマド皇太子の「3者による親しげな握手を交わした（The friendly three-way clasp）」としています。

なお、このclaspというのは先に出てきたhandshakeと同じ「握手」という意味で、warm handshakeをfriendly claspという違った形容詞と名詞を使って言い換えていることにもぜひご留意ください。

ニュース英語がこうした言い換えが大好きだということ

については前著の第5章でも詳述していますし、これから
ご紹介していくニュース記事にも数多く出てきますので、
それらについても注意しながら英文を味わっていただけれ
ばと思います。

　なお、**rip**と同じ意味で**rip into**もニュース英語では下記
の記事のようによく使われます。
　記事はリベラル派の下院議員として有名なアレクサンド
ラ・オカシオ−コルテス議員（通称：AOC）が、2023年5
月にCNNがトランプだけを招いたタウンホール・ミーティ
ングを主催したことを痛烈に批判したという内容です。

Rep. Alexandra Ocasio-Cortez, D-N.Y., **ripped into**
CNN for its town hall with former President Trump on
Wednesday night, saying the network "should be ashamed
of themselves."

(FOX NEWS, 2023/5/10)

訳 ─────────────────────────────
　ニューヨーク州選出のアレクサンドラ・オカシオ−コルテ
ス下院議員はCNNが水曜日の夜にトランプ前大統領との
タウンホール・ミーティングを開催したことに関して、
CNNは「自らを恥じるべきである」と述べ痛烈に批判した。

## 怒りのvent over

　FOX NEWSは同じ前記記事の中で、下記のようにオカシオ–コルテス議員がこのCNNのタウンホール・ミーティングでトランプが発言する機会を得たことに「**怒りをぶちまけた（vent over）**」と書いていますが、このvent overも多少ニュアンスは違いますが、**rip**や**rip into**の言い換えと考えてもいいでしょう。

　なお、ご参考までですが、メディア報道では、このアレクサンドラ・オカシオ–コルテス議員のことを前記のとおりAOC、また先述のモハンマド・ビン・サルマン皇太子のことはMBSと呼んでいます。

Ocasio-Cortez was one of many outspoken liberals to **vent over** Trump getting a platform Wednesday night. Some protested Collins didn't do enough to fact-check him or was placed in an untenable position given the partisan audience, while others said CNN CEO Chris Licht was nakedly placing ratings above journalism.

(FOX NEWS, 2023/5/10)

●**語注**

| outspoken | 形 | 遠慮なくずけずけ言う、歯に衣を着せない |
|---|---|---|
| platform | 名 | 舞台、演台、機会 |
| untenable | 形 | 制御できない、維持できない |
| given | 前 | 〜を考慮すると |

| partisan | 形 | 党派的な |
|---|---|---|
| nakedly | 副 | 露骨に |
| ratings | 名 | 視聴率 |

## 訳

オカシオ–コルテスは、水曜日の夜にトランプが発言する機会を得たことに怒りを爆発させた、ずけずけものを言う多くのリベラル派の一人であった。司会者の（ケイトラン）コリンズはトランプが発言した内容の事実関係を十分チェックしなかったとか、会場にトランプ派の聴衆ばかりがいたことを考えると、彼女は制御しがたい状況に置かれたと言って抗議する者がいたり、またCNNのCEOであるクリス・リクトはジャーナリズムよりも視聴率の方を露骨に重視したと批判する者もいた。

なお、ここで批判されているCNNのクリス・リクトCEOは、このタウンホールを開催したことをきっかけの1つとして、こののちに有力雑誌であるAtlantic誌に、彼とCNNスタッフとの間の確執などが報道されたこともあり、結局辞任に追い込まれることになりました。

## 激しく攻撃するlight into

前記のrip intoと似た批判語として**light into**があります。lightの動詞としての意味としては、受験英語や検定英語な

どの正統派英語ではせいぜい「火をつける」ぐらいしか学ばないと思いますが、**light into**となると「〜を激しく攻撃する」という意味で、ニュース英語では大変よく出てくるのです。

light intoが使われた下記のニュース記事は、2023年8月に行われた女子サッカーのワールドカップで当初圧倒的な優勝候補と目されたアメリカチームは予想に反して不甲斐ない試合が続き、格下のポルトガル相手に引き分けて、辛くも予選リーグを突破できたのでした。

World Cup analyst and USWNT legend Carli Lloyd **lit into** her former team after the USWNT's 0-0, goal-post aided draw with Portugal sent the two-time defending champions and their unprecedented three-peat bid into the Round of 16 without a first-place group finish for the first time since 2011.

(NBC NEWS, 2023/8/5)

●**語注**

| | | |
|---|---|---|
| legend | 名 | 伝説的人物 |
| former | 形 | 以前の |
| unprecedented | 形 | かつてない、前例のない |
| three-peat | 名 | 三連覇 |

訳 ————————————————

ワールドカップの解説者でアメリカ女子サッカーチーム

の伝説的人物であるカーリ・ロイドは、アメリカチーム
がゴールポストに助けられてポルトガルと0対0で辛うじ
て引き分け、2011年以降初めて予選グループで首位にな
れずに決勝ラウンドに進むことになった2度の世界チャン
ピオンで前代未聞の三連覇を狙うアメリカチームを激し
く攻撃した。

---

　不甲斐ないアメリカチームの試合内容に業を煮やした元
アメリカチームの主力メンバーで、現在はFOXの解説者を
しているカーリ・ロイドがアメリカ・チームを痛烈に批判
したという文脈でlit into（light intoの過去形）が使われて
います。

　また英語の表現面では、「ゴールポストに助けられた引
き分け試合」のことを "goal-post aided draw" と、さらに
三連覇のことを "repeat" をもじって "three-peat" と表現し
ていることについてもぜひ注目していただきたいと思いま
す。

　なお、USWNTとは "United States Women's National Soc-
cer Team" という意味です。

## 熟語と動詞の混在型

　次にご紹介するのは、批判語・非難語として熟語と動詞
が1つずつ入った混合型のニュース記事です。少し古いも
のですが、2016年の大統領選前の共和党の候補者選びの

段階で行われた大統領候補者間の討論会に関する記事から取りました。

　この討論会でトランプは司会役をしていたFOXの有名キャスターであったメイガン・ケリーに辛辣な言葉（caustic remarks）を浴びせたことについて、他の候補者たちが一斉にトランプのことを非難したという内容の記事です。

Rival Republican presidential candidates **piled on** Donald Trump Saturday for his caustic remarks about a female debate moderator, and the billionaire celebrity candidate backpedaled in an effort to keep his campaign from unraveling. Trump **blasted** Fox News anchor Megyn Kelly during a debate in Cleveland on Thursday when she questioned him about insulting comments he had made about women.

(Reuters, 2015/8/9)

●語注

| candidate | 名 | 候補者 |
|---|---|---|
| caustic | 形 | 辛辣な、痛烈な |
| remark | 名 | 発言 |
| moderator | 名 | 司会者、進行役 |
| backpedal | 動 | 撤回する、翻す |
| unravel | 動 | ほどける、潰れる |
| insulting | 形 | 侮辱するような |

　共和党のライバルになる大統領候補者たちは、トランプが討論会の女性司会者に辛辣な発言をしたことを激しく批判したところ、億万長者の有名人（＝トランプ）は自身の選挙キャンペーンが解体することを防ごうとして発言を撤回した。木曜日にクリーブランドで討論会が開催されたとき、FOXの司会者メイガン・ケリーから彼自身がなした過去の女性侮辱発言について質問されて、その司会者のことを強く批判したのだった。

　記事の冒頭で、「共和党のライバル候補たちがトランプのことをpile onした」とあります。pile onは熟語ですが、主要な辞書、たとえば『オーレックス英和辞典』（旺文社）では、

①〜大げさに言う
②〜をどんどん増す
③〜をどんどん与える

という意味しか載っていません。しかしこれらの意味では文意が通らないことは明らかです。

　実は、**pile on**というのは口語で「**人や物を批判する（criticize）**」という意味であり、ニュース英語では極めてよく出てくる表現なのです。しかし、主要な日本の英和辞書では上記のような意味しか載っていないのですから、受

験勉強や各種検定試験のような「正統派の良い子ちゃん英語」ばかり勉強していては、ネイティブが当たり前に使う表現の意味も分からないままになってしまいます。

　また文章の少し後ろの方に**blasted**という語が出てきますが、これも基本的にpile onと同じ意味で、「**激しく非難する**」という意味です。つまり、同じ意味のことをpile onとblastという別の言葉を使って言い換えているわけです。
　そしてこの英文では、トランプのことをthe billionaire celebrity candidate（億万長者の有名人候補者）と言い換えていることにも注意してください。

　なお、上記ニュース記事では大統領候補討論会での女性司会者メイガン・ケリーに対するトランプの辛辣な発言に対して他の候補者たちからの批判が集中したことについて書かれていますが、実はこれには続きがあります。
　その続きというのは、討論会が終わった後にトランプはケリーについてどう思うかとCNNに質問されたところ、次のような下品な発言をしたのです。

Asked about Kelly on a CNN interview on Friday, Trump said: "You could see there was blood coming out of her eyes. Blood coming out of her wherever."

訳 ―――――――――――――――――――――――――――――
　金曜日のCNNインタビューでケリーについて質問された

トランプは次のように発言した。「彼女の目から血が吹き出すのがわかっただろう。彼女のいたるところから血が吹き出すのを」

---

このトランプの発言は今でも多くのアメリカ人が覚えている大変有名なもので、まさにトランプの下品な人格をまざまざと表した発言として今後も長く記憶されることになるだろうと思います。

## 動詞と熟語、名詞の混在型

批判語・非難語として次にご紹介するのは、動詞、熟語、名詞の3種類が混じった混在型のニュース記事です。

次の記事の内容は、民主党の大統領候補たちが当時大統領であったトランプの対中貿易政策を激しく批判したというものです。

Democratic presidential hopefuls **hammered** President Donald Trump over his trade war with China in Thursday's debate as fears grow about the conflict shaking the global economy.

The 10 candidates on stage in Houston portrayed an impulsive president with little concrete plan to force Beijing to change what Trump calls unfair trade practices.

Both entrepreneur Andrew Yang and former Housing and Urban Development Secretary Julian Castro called the White House's decisions "haphazard." Sens. Bernie Sanders, I-Vt., and Kamala Harris, D-Calif., **called out** the president's penchant for announcing trade policy through tweet.

The **pile on** shows a field more comfortable with **picking apart** Trump's economic conflict with the world's second largest economy than they were even a few months ago.

(CNBC, 2019/9/12)

## ●語注

| hopeful | 名 | 有望な候補者 |
| portray | 動 | 表現する、描く |
| impulsive | 形 | 衝動的な |
| concrete | 形 | 具体的な |
| haphazard | 形 | 場当たり的な、無計画の |
| penchant | 名 | 傾向、好み、性癖 |

## 訳

　木曜日に行われた討論会で、民主党の大統領候補たちは中国との貿易戦争が世界経済を揺るがす懸念が高まっているとしてトランプ大統領を激しく攻撃した。

　ヒューストンでの舞台に立った10人の候補者は、トランプが不公正貿易慣行と呼ぶものを中国に変えさせる具体

的な計画をほとんど持っていない衝動的な大統領である
と表現した。

また起業家のアンドリュー・ヤンと住宅・都市開発省の
元長官であったフリアン・カストロはホワイトハウスの
決定を「場当たり的」と評した。さらに、バーニー・サ
ンダースとカマラ・ハリスの両上院議員は貿易政策をツ
イートで発表する大統領の性癖を非難した。

こうしたトランプに対する批判は、これらの民主党大統
領候補者たちが、ほんの数か月前と比べて、トランプが
世界第2位の経済大国と経済対立していることをこき下ろ
すことにあまり問題を感じなくなっていることを示して
いる。

---

最初の文章では「民主党の有力大統領候補たち（Demo-
cratic presidential hopefuls）」がトランプ大統領を「**激しく
攻撃した**」として hammer という批判語が使われています。

では、何に関してトランプを攻撃したのかといいます
と、それは over 以下に書かれていますように、「トランプ
の対中貿易戦争について（over his trade war with China）」
ということになります。

そして、The 10 candidates 以下の文章では、10人の候補
者たちはトランプ自身が中国の「不公正貿易慣行（unfair
trade practices）」と呼ぶものを変更させる「具体的な計画
（concrete plan）」をほとんど持っておらず、トランプのこ
とをそのように無計画な「衝動的大統領であると表現した
（portrayed an impulsive president）」と述べています。

また、次の文章では、そうした民主党の大統領候補者が
トランプの対中貿易政策をどのように評したのかというこ
とについて書かれています。

　具体的には、アンドリュー・ヤンとフリアン・カストロ
の2人はそれを「場当たり的（haphazard）」と評し、バー
ニー・サンダースと後にバイデン政権の副大統領となるカ
マラ・ハリスは、トランプが貿易政策のような重要なもの
をツイートで発表するその性癖を「非難した（called out）」
という熟語で表現されています。

　そして、最後の締めくくりの文章では、その冒頭から上
記のような民主党大統領候補者のトランプに対する批判を
表す言葉として「pile on（批判）」という熟語の名詞が使
われています。なお、このpile onについては前項でご紹介
した英文の中では「批判する」という動詞として使われて
いたことを思い出していただきたいと思います。

　さて、本文に戻りますと、こうした民主党候補者のトラ
ンプに対する「批判（pile on）」は、世界第2位の経済大
国（＝中国）との経済対立を「こき下ろす（picking apart）」
ことに関して、数か月前に比べて彼らが「より問題を感じ
なくなっている（more comfortable）」ことを示していると
しています。

　ここでも「pick apart」という、基本的には同じ意味の
熟語の批判語・非難語が使われています。

　つまり、そう長くないこのニュース記事の中でも、
hammer, call out, pile on, pick apartという1つの単語と3つの

熟語を使って批判語・非難語の言い換えをしているわけです。

## 熟語の批判語

　以上見てきました批判語・非難語の最後として、もう1つニュース記事をご紹介しておきましょう。ここでは、熟語（went on a fiery tirade）の直後に同じ意味の動詞（accusing）が使われ、そのあとにもう一つ熟語（rail against）が使われています。

　記事の内容は、トランプ政権で司法長官を務めた保守派のジェフ・セッションズがワシントンにおけるあるイベントで講演して、大学が学生を甘やかしすぎていると痛烈に批判したというものです。

Speaking at Turning Point USA High School Leadership Summit at George Washington University in Washington, D.C., Mr. Sessions **went on a fiery tirade accusing** colleges of coddling students. He **railed against** the liberal ideology of safe spaces and grade inflation.

"Rather than molding a generation of mature, well-informed adults, some schools are doing everything they can to create a generation of sanctimonious, supercilious snowflakes," he said.

(AP, 2018/7/25)

## ●語注

| | | |
|---|---|---|
| tirade | 名 | 非難演説 |
| coddle | 動 | 甘やかす |
| mold | 動 | 形づくる、つくり上げる |
| mature | 形 | 成熟した |
| well-informed | 形 | 十分に情報を得た、広い見識をもった |
| sanctimonious | 形 | 聖人ぶった |
| supercilious | 形 | 傲慢な、人を見下したような |
| snowflake | 名 | 自信過剰で自惚れた人 |

## 訳

ワシントンDCのジョージ・ワシントン大学で開催された
ターニングポイント全米高等学校指導者サミットで講演
した（司法長官の）セッションズ氏は、大学が学生を甘
やかしているとして激しい非難演説を行った。彼は大学
が学生に提供している安全な空間や成績のインフレなど
大学のリベラル思想を痛烈に批判した。

「一部の学校は成熟し広い見識をもった世代の成人をつ
くり上げるというよりも、むしろ聖人ぶった傲慢な自惚
れた世代をつくり上げるためにできる限りのことをしよ
うとしている」と彼は述べた。

　セッションズはトランプを大統領選で真っ先に支持した
南部アラバマ州選出の保守派の上院議員で、その論功行賞
で司法長官に任命された人間です。そんなセッションズ
が、ワシントンにある名門大学であるジョージ・ワシント

ン大学で行われたイベントで「激しい非難演説を行った（went on a fiery tirade）」と熟語の批判語を使って書かれています。

　では、それは何を激しく非難した演説だったのかといいますと、そのtiradeの内容を具体的に説明するものとして、「大学が学生を甘やかしていることを批判した（accusing colleges of coddling students）」とありますように、ここでは一般的な非難語であるaccuseが使われています。

　そして、それに続いて、セッションズは大学がsafe space（安全空間）を提供し、grade inflation（成績のインフレ）をするなどリベラル思想の牙城となっていると非難したとして、ここではrail againstという新たな熟語を使っています。

　なお、ご参考までに記事に出てきましたsafe spaceとgrade inflationについて、ここで少しご説明しておきましょう。

　まずsafe spaceというのは、本来は「人が差別、批判、脅迫などを感じることなく自分の意見を自由に発言できる場」というポジティブな意味の語です。しかし、そうした自由な発言というのはトランプや保守派を批判するものが多く、保守派はそうした学生による批判を嫌悪しています。そのため、学生にそうした自由な批判発言空間を与えている大学が彼らにとって目障りな存在となっているため、このように強く批判しているわけです。

　つまり、safe spaceという言葉は単なる字面上の意味を超えて、政治的な意味合いを持った言葉として使われはじめているわけです。

それからgrade inflationですが、これは近年特にアメリカの大学では学生の成績評価が甘く、あまりにも多くの学生が優秀な評価であるA＋やAなどの成績を取るような状況になっていることを表した言葉です。アメリカの大学での成績評価は通常、GPA（Grade Point Average）4.0が最高ですが、近年ではGPA3.5以上を取る学生がザラに出てくるという異常事態になっています。

　したがって、昔のアメリカの大学とは違い、今ではGPAが3.5以上の好成績だからといっても、必ずしもその学生が学業優秀であることを保証するものではなくなっており、そうした状況のことをgrade inflationと表現しているわけです。

　このように、批判や非難をするという同じ意味でも、**went on a fiery tirade**, **accuse**, **rail against**などと熟語、動詞を駆使して表現を工夫していることに留意していただきたいと思います。


　さて、そうしたセッションズの大学に対する批判の具体的内容が次に引用文の形で出てきます。大学の中には、成熟し、見識をもった大人の世代をつくり上げるのではなく、「聖人ぶり傲慢で自信過剰な世代（a generation of sanctimonious, superfluous snowflakes）」をつくり上げようと全力を尽くしているところがあると述べているのです。

　なお、ここでの英語表現としては、sanctimonious, superfluous snowflakesと頭韻を踏んでいることにもご留意いただきたいと思います。

　また、ここで出てきたsnowflakeという語についても、正

統派の英語で学ぶような一般的な「雪片」という意味ではありません。これは口語では「自信過剰で自惚れた人」という意味になります。

　文学作品や受験英語、検定試験などであれば、snowflakeは「雪片」という意味で出てくるかもしれませんが、ネイティブの一般的な会話や文章の中で出てくるのは、もっぱら「自信過剰で自惚れた人」という意味においてです。

　このことからも、受験英語や各種検定試験に出てくる英語だけ勉強していては、英語という大きな世界のほんのごく一部の語彙や表現を学ぶことができるにすぎないということがお分かりいただけるのではないかと思います。


　ちなみに、私が調べた限り、日本の主要英和辞典である「オーレックス英和辞典」「コンパスローズ英和辞典」「スーパーアンカー英和辞典」ではどれも「雪片」という意味しか記載されていませんが、「ジーニアス英和辞典」では2つ目の意味として、「（自分は特別と考えている）うぬぼれている人、甘ったれ、（批判や侮辱に立ち向かえない）弱虫、根性なし」と記載されていました。

## コラム❶：批判語・非難語はニュース英語のスター

　批判語・非難語は「ニュース英語のスターである」と書きましたように、ニュース英語にはこうした批判語・非難語が本当によく出てきます。

　ニュース英語というのは政治や経済、さらには国際政治や紛争、対立などを中心的な話題として取り上げますので、必然的にそうした批判語・非難語が非常に大きな役割を果たすことになるわけです。

　その一方、TOEICの世界観は最後はすべてうまくいくという予定調和の現実離れした世界観ですし、受験英語や英検、TOEFL、IELTSなどの正統派の「良い子ちゃん英語」にはそうした現実の世界では主流となっている批判語・非難語はほとんど出てきません。

　「良い子ちゃん英語」ばかりを勉強しているとニュース英語など現実世界の「お行儀の悪い」英語にはついていけなくなってしまいます。その意味でも、真の上級英語を目指す方には正統派の「良い子ちゃん英語」と「お行儀の悪い英語」の両方が清濁合わせ呑む形で入っているニュース英語を、ぜひお読みいただきたいと思います。

　さて、これまでニュース英語の特徴である感情表現のうち、前著で積み残し、ご紹介することができなかった批判語・非難語についていくつか補足的にご紹介させていただきました。

こうした批判語・非難語は「ニュース英語のスターである」だけに、ニュース英語にはそれこそ極めて頻繁に出てきます。しかし、前著と本書を合わせ読んでいただければ、ニュース英語に頻出する批判語・非難語のかなりの部分はカバーできるはずです。

## 激賞のextollと称賛のadmire

　さて、これまでは批判語・非難語について見てきましたが、ここからは前著ではまったく取り上げることができなかったニュース英語に出てくる称賛の語句や表現について見ていきたいと思います。

　「ニュース英語のスター」である批判語や非難語に比べますと、称賛語はそれほど多く出てくるわけではありません。しかし、批判や非難の反対に位置する非常に重要な人間感情として称賛がありますので、批判や非難だけ取り上げて称賛を取り上げないのは不十分になります。批判・非難と称賛を合わせて初めて感情表現の両方が揃うことになります。

　そうした称賛語として最初にご紹介するのはextollとadmireという動詞です。どちらも「称賛する」という意味ですが、extollはadmireに比べると称賛度合いが強く、「激賞する」という意味になります。


　次にご紹介する記事は若くしてセラノス（Theranos）という血液検査のベンチャー企業を立ち上げ、一時は「時代の寵児」としてもてはやされた創業者のエリザベス・ホームズに関するものです。

　ホームズが立ち上げたセラノスは、一時はその企業価値（valuation）が90億ドルを超えるという途方もない規模になったのですが、その後、血液検査技術の欠陥が明らかになり、ホームズは詐欺罪で起訴され最終的には収監されることになりました。アメリカではよくあることですが、時

代の寵児が一転して悪者に成り下がったという話です。

More than 100 people wrote letters in support of Holmes for her sentencing memo, including former employees, investors and even New Jersey Sen. Cory Booker, who said he met Holmes years before she was charged. (中略) Holmes's partner Evans also wrote to the judge, seeking to describe a different Holmes than had been portrayed in the media. He **extolled** her "willingness to sacrifice herself for the greater good is something I greatly **admire** in her."

(Washington Post, 2022/11/18)

●語注

| sentencing | 名 | 判決 |
| former | 形 | 以前の |
| charge | 動 | 起訴する |
| seek | 動 | 求める |
| portray | 動 | 表現する、描写する |
| willingness | 名 | 意志 |
| sacrifice | 動 | 犠牲にする |

訳 ——————————————————

100人以上の人がホームズを支援するために手紙を書いたが、それらの中にはセラノスの元従業員、投資家、さらには彼女が起訴される何年も前に会ったニュージャージー州選出のコーリー・ブッカー上院議員も含まれていた。

また、ホームズのパートナーであるエバンスも判事に手紙を書き、メディアで描かれているのとは違ったホームズの姿を表現しようとした。具体的には、エバンスは「より大きな公共善のために自分自身のことを進んで犠牲にしようとするところは、私が彼女について大いに称賛するものである」とホームズのことを激賞した。

---

　それでは、記事をよりくわしく見ていきましょう。先にこのホームズの話は「時代の寵児が一転して悪者に成り下がる」話だと書きましたが、記事を読んでいくと、そんなホームズにもかなりの支援者がいたことが分かります。

　記事の冒頭に書かれていますように、「100人以上の人が判決を前にして彼女をサポートする手紙を書いた（More than 100 people wrote letters in support of Holmes for her sentencing memo）」のでした。

　そして、そのような手紙を書いた人の中には、彼女が立ち上げたセラノスの「元従業員、投資家、さらにはニュージャージー州選出のコーリー・ブッカー上院議員らも含まれていた（including former employees, investors and even New Jersey Sen. Cory Booker）」と書かれています。

　また、そうした支援者の中にはホームズのパートナーであるビリー・エバンスもいて、彼もホームズを支援すべく、「メディアで描かれているのとは違うホームズを表現しようと判事に手紙を書いて（Evans also wrote to the judge, seeking to describe a different Holmes than had been portrayed in the media）」います。

では、エバンスはホームズのことをどのように書いて表現したのでしょうか。彼はホームズについて「より大きな公共善のために自分のことを進んで犠牲にする彼女の気持ちは私が彼女の性格の中で大いに称賛することである（willingness to sacrifice herself for the greater good is something I greatly **admire** in her）と彼女を激賞した（**extolled**）」のでした。そして、記事ではホームズのことを称賛する単語として2つの動詞が使われています。

　先述のように、extollは「激賞する」という意味で、admireよりも意味が強いのですが、基本的には同じ意味ですので、これら2つの動詞はニュース英語が大好きな言い換え表現とみなすことができるでしょう。

　なお、この記事にはそうした言い換え表現がもう1セットあったことにお気づきになりましたでしょうか？

　文章後半のHolmes's partner Evans以下の文章の中にあるdescribeとportrayも基本的に同じ意味で、これもまさに典型的なニュース英語の言い換え表現になっています。


## 称賛し歓迎するhail

　次にご紹介する称賛語はhailです。これも「称賛する」「歓迎する」という意味でニュース英語では大変よく出てくる動詞です。

　下記の記事は韓国の尹大統領のイニシアチブにより日韓関係が改善してきたことを歓迎するバイデン政権について

述べたものです。

President Biden, whose administration has been quietly pushing for a closer trilateral relationship, **hailed** what he called a breakthrough "in cooperation and partnership between two of the United States' closest allies."

(Washington Post, 2023/3/7)

●語注

| | | |
|---|---|---|
| administration | 名 | 政権 |
| push for | 熟 | 推し進める |
| trilateral | 形 | 3者の |
| breakthrough | 名 | 突破口 |
| ally | 名 | 同盟国 |

訳 ————————————————

より緊密な3か国関係を構築する政策を静かに推し進めてきたバイデン大統領は、彼が「米国の最も緊密な2つの同盟国間の協力とパートナーシップにおける突破口」と呼ぶものを称賛した。

———————————————————

では記事の内容を見ていきましょう。

まず文章の冒頭で「バイデン大統領は」と切り出し、その後にバイデン政権の説明として、「より緊密な3国間関係を構築する政策を静かに推し進めてきた（whose administration has been quietly pushing for a closer trilateral relationship）」という挿入句を入れて補足説明を加えています。

そして、そんなバイデン大統領は「米国の最も緊密な同盟国2国間における協力とパートナーシップに関する彼が突破口と呼ぶものを称賛した（**hailed** what he called a breakthrough "in cooperation and partnership between two of the United States' closest allies"）」と書かれています。

なお、この記事にもニュース英語の表現の特徴である言い換えが出てきているのですが、お気づきになりましたでしょうか。

具体的には、"two of the United States' closest allies" という語句です。これは「米国の最も緊密な同盟国の2つ」という意味で、より具体的にいえば日本と韓国のことを言っています。

日本のメディア報道であれば「日韓両国」などと具体的な国名を書くところですが、ニュース英語では「米国の最も緊密な同盟国の2つ」という持って回った言い換えをしているわけです。

こうした言い換えは、基本的にはレトリック的効果を狙ったものですが、それと同時に、**日韓両国が「米国の最も緊密な同盟国の2つ」であるという情報を与える機能も合わせ持っています。**

## 称賛するcommend

　次にご紹介するのは**commend**という動詞です。これも**ニュース英語で非常によく出てくる称賛語の1つ**です。

　記事は米国の教育省がハーバード大学の「レガシー入学」に関する調査を開始したというもので、その決定を黒人を中心とした有色人種の全国組織であるNAACP（National Association for the Advancement of Colored People：全米有色人種地位向上協会）のCEOが称賛したというものです。

Opening a new front in legal battles over college admissions, the U.S. Department of Education has launched a civil rights investigation into Harvard University's policies on legacy admissions.（中略）
NAACP President and CEO Derrick Johnson said he **commended** the Education Department for taking steps to ensure the higher education system "works for every American, not just a privileged few."

(AP, 2023/7/25)

●語注

| | | |
|---|---|---|
| front | 名 | 局面 |
| admission | 名 | 入学 |
| launch | 動 | 開始する |
| civil rights | 名 | 市民権 |

| | | |
|---|---|---|
| investigation | 名 | 調査 |
| higher education | 名 | 高等教育 |
| privileged | 形 | 特権を得た |

**訳**

大学入学に関する法律上の争いにおける新しい局面を開くものとして、教育省はレガシー入学制度に関するハーバード大学の政策について市民権法上の調査を開始した。NAACPのデリク・ジョンソンCEOは教育省が米国の高等教育制度がただ単に特権的な少数の人たちだけのものではなく、すべての米国人のためになることを確実にする手段を取ったことを称賛した。

記事の冒頭で、「大学入学に関する法律上の争いにおける新しい局面を開くものとして (Opening a new front in legal battles over college admissions)」とあります。これはこの記事が出る少し前に、最高裁がハーバード大学とノースカロライナ大学の両校に対して、大学入学選考において人種などを考慮するアファーマティブ・アクションは違憲であると判断したことを念頭に置いているからです。

記事では、その最高裁判決に引き続いて、教育省も新たに大学入学選考において以前から批判の強かった「ハーバード大学のレガシー入学制度についての調査を開始した (the U.S. Department of Education has launched a civil rights investigation into Harvard University's policies on legacy admissions)」としています。

なお、レガシー入学制度というのは、祖父母などの先祖や親が同じ大学の卒業生である場合、その子弟の学生は他の学生に優先して入学が許可される可能性が高くなる制度で、これはハーバード大学だけでなく全米の主要大学の多くで見られる米国の大学に特有の制度です。

　前述のとおり、こうしたどちらかといえば白人を優先することになる差別的なレガシー入学制度に対しては、以前からリベラル派や黒人団体等からの批判が強かったのですが、最高裁で大学の入学選考におけるアファーマティブ・アクションが違憲とされたことをきっかけに、教育省もレガシー入学制度についての調査を開始することになったわけです。

　このように、教育省がレガシー制度について調査を開始することになったことは、それを強く批判してきたNAACPにとっては当然喜ばしいことです。

　そこで、その連絡を受けて、NAACPのデリク・ジョンソンCEOは、「教育省が米国の高等教育制度がただ単に特権的な少数の人たちだけのものではなく、すべての米国人のためのものになることを確実にする手段を取ることを称賛した（he **commended** the Education Department for taking steps to ensure the higher education system "works for every American, not just a privileged few）」というわけです。

## 称賛系動詞2つで褒めちぎるlaudとeffuse

　次にご紹介するのはlaudとeffuseという称賛系の動詞が2つ入ったニュース記事です。記事の内容は、リチャード・オルソンという国務省勤務の長い外交官について褒めちぎっているものです。

When Richard G. Olson Jr. retired from the State Department in 2016, he was **lauded** by colleagues for an illustrious, 34-year career that included high-profile postings as the U.S. ambassador to Pakistan and the United Arab Emirates, as well as risky assignments in Iraq and Afghanistan. "Rick is quite simply one of our most distinguished diplomats," then-Secretary of State John F. Kerry **effused** in a statement.

(Washington Post, 2023/9/9)

### ●語注

| | | |
|---|---|---|
| State Department | 名 | 国務省 |
| colleague | 名 | 同僚 |
| illustrious | 形 | 輝かしい |
| high-profile | 形 | 目立つ、注目を浴びる |
| posting | 名 | 任命、配属 |
| assignment | 名 | 任務 |
| distinguished | 形 | 傑出した |
| diplomat | 名 | 外交官 |

| statement | 名 | 声明 |

**訳** ────────────────────────

　2016年にリチャード・オルソンが国務省を引退したとき、彼はリスクの高いイラクやアフガニスタンでの任務を果たすだけでなく、注目度の高いパキスタンやアラブ首長国連邦における米国大使を務めるなど、その輝かしい34年のキャリアに対して同僚たちから称賛された。「リックは本当に我々の中でも最も傑出した外交官の一人である」と当時のジョン・ケリー国務長官も声明の中で賛辞を惜しまなかった。

────────────────────────

　この記事の主人公であるリチャード・オルソンは長年国務省勤務をした外交官でした。そして、彼が2016年に国務省を引退したときには、「リスクの高いイラクやアフガニスタンにおける任務を果たすだけでなく、注目を浴びるパキスタンやアラブ首長国連邦における米国大使を務めるなど、その輝かしい34年に及ぶ職歴に対して同僚たちから称賛された（he was **lauded** by colleagues for an illustrious, 34-year career that included high-profile positions as the U.S. ambassador to Pakistan and the United Arab Emirates, as well as risky assignments in Iraq and Afghanistan）」と、ここで**laud**が出てきます。

　そして、当時国務長官であったジョン・ケリーは、"リックは本当に我々の最も傑出した外交官の一人である（Rick is quite simply one of our most distinguished diplomats）」と

オルソンのことを「褒めちぎり（effused）」ます。

　なお、ここで称賛の動詞として使われているeffuseについては、通常は「放出させる」とか「発散させる」という意味で使われます。その意味では、いつも称賛と結びついているわけではないのですが、ここではeffused praise（放出された称賛）という意味で使われているわけです。

　さて、この記事の主人公のオルソン氏ですが、最近になって外交官時代にドバイの王族から6万ドル相当の宝石を受け取っていたことを国務省に連絡していなかったり、さらにはパキスタン大使時代にパキスタン人女性と不倫関係にあったことなどが次々に明らかになり、その後の裁判で執行猶予3年と約9万ドルの罰金刑を受けています。

## もてはやすlionize

　称賛系の動詞として最後にご紹介するのはlionizeです。この動詞の基本的な意味は「もてはやす」ということで、これまでご紹介してきた動詞とは多少ニュアンスが異なるところがありますが、基本的には同じ種類の称賛系動詞と考えていいでしょう。
　ご紹介する記事は、ロシア軍がウクライナ戦争で大量の戦車を失って苦戦している状況を伝えたものです。

Ukraine's military said Russia lost at least 1340 tanks and armored personnel carriers in the battle, though that figure could not be independently verified.

The Russian military has **lionized** tank warfare since World War II, and Russian military bloggers have posted screeds blaming generals for the failures of the tank assaults.

(New York Times, 2023/3/2)

## ●語注

| | | |
|---|---|---|
| at least | 熟 | 少なくとも |
| armored personnel carriers | 名 | 兵員輸送用戦車 |
| independently | 副 | 独自に |
| verify | 動 | 確認する |
| warfare | 名 | 戦争行為、武力衝突 |
| screed | 名 | 長文、長話 |
| general | 名 | 将軍 |
| assault | 名 | 攻撃 |

## 訳

　ウクライナ軍当局の話によると、ロシア軍は少なくとも1340台の戦車と兵員輸送用戦車を戦闘で失ったとのことである。ただし、その数字については独自には確認されていない。

　ロシア軍は第二次世界大戦以降、戦車による戦闘をもて

はやしてきており、ロシアの軍事ブロガーたちは戦車攻撃の失敗は将軍たちの責任であると批判する長文を投稿している。

---

　記事では、ウクライナ軍当局の話として、「ロシアが少なくとも1340台の戦車と兵員輸送用戦車を戦闘で失った（Russia lost at least 1340 tanks and armored personnel carriers in the battle）」と伝えています。

　なお、armored personnel carriersという言葉がありますが、これも戦車の一種ではあるのですが、戦闘用の戦車ではなく主として兵員を輸送するための戦車のことです。

　そしてその後で、「その数字については独自の確認はできていない（though that figure could not be independently verified）」としています。

　ここでindependentlyという語が使われていますが、これはウクライナ当局とは離れたその他の機関によって「独自には」確認されていないという意味です。

　このように、記事はロシア軍が大量の戦車を失って苦戦している様子を伝えていますが、ではなぜロシア軍はそれほど多くの戦車を失ったのでしょうか。その一つの理由が次に書かれています。

　記事はその理由として、「第二次大戦以降、ロシア軍が戦車による戦闘をもてはやしてきた（The Russian military has **lionized** tank warfare since World War II）」ことを挙げ、ロシア軍が戦車による戦闘を至高のものとして「もてはや

してきた」という意味でlionizeという称賛語を使っています。

このように、戦車による戦闘をロシア軍があまりにも崇拝してきたことを表現するのに、lionizeという動詞はまさにピッタリだと言えるでしょう。

## 名詞praise❶：heap praise on

以上、ニュース英語によく出てくる主要な動詞の称賛語についてご紹介してきましたので、ここからは「**動詞＋名詞**」や「**動詞＋形容詞＋名詞**」の形の称賛表現を少しご紹介したいと思います。

最初は、**heap praise on**という表現です。praiseは単独の動詞としても使われる代表的な称賛語の1つですが、名詞としても大変よく使われます。下記記事のように、**ニュース英語では動詞単独としてよりも名詞として使われる方が多いかもしれません**。

記事は2022年11月の中間選挙後に掲載されたものですが、その選挙でトランプが支持した候補が数多く負けたこともあり、共和党が事前に予想されたような躍進ができなかったことに関連して、それまでトランプを支持してきたFox Newsなどの保守系メディアがトランプ離れを加速しだしたのでした。

もっともそんなFox Newsも、完全にトランプと袂を分かったわけではありません。以前ほどトランプ一辺倒では

なくなったにせよ、トランプとはつかず離れずの関係を維持し、選挙後にはトランプが行ったスピーチを生中継しました。

Fox's live coverage of Trump's speech is notable, given signs of a shift away from the former president at the network for months and the criticism he has faced from a number of other conservative media entities owned by media mogul Rupert Murdoch.

Murdoch's outlets have also **heaped praise on** Florida Gov. Ron DeSantis(R) in the wake of last week's midterm elections.

(The Hill, 2022/11/15)

●語注

| live coverage | 名 | 生中継 |
|---|---|---|
| notable | 形 | 注目に値する、目立った |
| given | 前 | 〜を考慮すると |
| entity | 名 | 存在物、独立体 |
| mogul | 名 | 大立者、大物 |
| outlet | 名 | メディア |
| in the wake of | 熟 | 〜に続いて、〜のあとに |
| midterm election | 名 | 中間選挙 |

訳 ————————————————————

　過去数か月Foxで前大統領から距離を取ろうとする兆候が

74

あり、またメディア王であるルーパート・マードックが所有する数多くの他の保守系メディアからトランプが受けた批判を考えれば、Foxがトランプのスピーチを生中継したことは注目に値することである。

マードックのメディアは先週行われた中間選挙のあと、フロリダ州知事のロン・デサンティスのこともほめ立てた。

---

　記事ではまず、トランプが行ったスピーチをFoxが生中継したことは「注目に値する（notable）」ことであったとしています。

　では、トランプのスピーチを生中継することがなぜ「注目に値する」ことだったのでしょうか。それについては、「～ということを考えれば」という意味の前置詞であるgiven以下に書かれています（ニュース英語は「情報追加型」であることを思い出してください）。

　具体的には、「過去数か月の間、Foxで前大統領から距離を取ろうとする兆候があり、さらにはメディア業界の大物であるルーパート・マードックが所有する他の多くの保守系メディアからトランプが批判されていたことを考えると（given signs of a shift away from the former president at the network for months and the criticism he has faced from a number of other conservative media entities owned by media mogul Rupert Murdoch）」、トランプから距離を取ろうとしていたFoxがトランプのスピーチを生中継したことは「注目に値する」ことだったと言っているわけです。

なお、記事の中でa number of other conservative media entities owned by media mogul Rupert Murdochと書かれていますように、メディア王であるマードックはFoxのほかにもWall Street Journal、New York Postなどの保守系メディアを所有しており、そうしたメディアからもトランプは批判されていたのでした。

　そんな「落ち目」にあったトランプに代わって、Foxが目をつけたのが当時人気急上昇中だったフロリダ州知事のロン・デサンティスでした。

　そんな「デサンティスを、マードックが所有するメディアは先週行われた中間選挙後に褒め立てた（Murdoch's outlets have also **heaped praise on** Florida Gov. Ron DeSantis (R) in the wake of last week's midterm elections）」と、ここで「**heaped praise on**」という名詞のpraiseの入った熟語表現を使っているわけです。

　なお、デサンティスについてはその後失速して、トランプの対抗馬としての勢いをまったくなくしてしまい、共和党の大統領候補選びの初戦であるアイオワ州の党員集会でトランプに敗れたあと早々と大統領選から撤退してしまいました。

## 名詞praise❷：shower praise on

　次にご紹介するのはheap praise onと似ているのですが、heapの代わりにshowerを使った**shower praise on**という形で

出てくるニュース記事です。

　heapは「積み上げる」という意味で、heap praise onで「〜に称賛を積み上げる」ということから「ほめ立てる」という意味になるわけですが、同様に、shower praise onも「〜に称賛を浴びせかける」＝「ほめ立てる」という意味になります。

　ご紹介する記事は、2022年11月に行われた中間選挙で民主党が戦前の予想を裏切って大健闘し、上院も後日ジョージア州で行われた決選投票で民主党候補が勝ったことにより、過半数の51議席を確保することができたという内容です。

Majority Leader Chuck Schumer took an emotional victory lap on Wednesday after Democrats won the Georgia runoff and secured an outright majority with a 51st Senate seat.
The New York Democrat said he was "brought to tears last night" watching Sen. Raphael Warnock, D-Ga., in his reelection victory speech, talk about how his mother went from picking cotton and tobacco as a teenager to picking her son to be a U.S. senator. He **showered praise on** Warnock for an "inspiring" campaign.

(NBC NEWS, 2022/12/8)

●語注

| | | |
|---|---|---|
| victory lap | 名 | ウイニングラン、勝利後の祝い |
| runoff | 名 | 決選投票 |
| secure | 動 | 確保する |
| outright | 形 | 完全な、明白な、無条件の |
| bring to tears | 熟 | 涙する |
| inspiring | 形 | 人を奮い立たせる、鼓舞する |

訳 ————————————————

　多数派民主党の上院院内総務であるチャック・シューマーは、水曜日に民主党がジョージア州の決選投票に勝って、上院で51議席となり完全な多数派とすることを確保したあと、気持ちが大いに高揚し勝利を祝った。
　そのニューヨーク選出の民主党員（＝シューマー）は、ラファエル・ウォーノック上院議員が再選勝利演説の中で、彼の母親がティーンエイジャーの時代に綿やタバコを刈り取ることから始めて、自分の息子を合衆国上院議員にまで育て上げた話を語るのを見て涙を流したと語った。そして、彼はウォーノックが人々を鼓舞し勇気を与えるような選挙戦を戦ったことを褒め讃えた。

————————————————

　記事では冒頭、民主党上院トップの院内総務であるチャック・シューマーがジョージア州での決選投票に勝って過半数の51議席を確保したことに"took an emotional victory lap"したとあります。

語注にも書きましたように、「victory lap」というのは陸上競技などの大会で優勝した選手が自国の国旗などを持って競技場をゆっくりと走ることで、みなさんもご覧になったことがあるのではないかと思います。

　ここでは中間選挙で上院の過半数を維持することができたことをシューマーが誇りに思い、高揚した気持ちになっている様子を "emotional victory lap" という比喩的表現にしているわけです。

　そして次の段落では、シューマーのことを "The New York Democrat" と言い換えたうえで、ジョージア州のラファエル・ウォーノックが再選勝利演説の中で「自分の母親がティーンエイジャーの時代に綿やタバコを刈り取ることから始めて、自分の息子を上院議員になるまで育て上げた話を語る（talk about how his mother went from picking cotton and tobacco as a teenager to picking her son to be a U.S. senator）」のを見て涙した（brought to tears）としています。

　なお、記事の中にpicking cotton and tobacco, picking her son to be a U.S. senatorとありますが、ここでは同じpickという動詞を違う意味で使うというレトリックを駆使しています。

　具体的には、pick cotton and tobaccoのpickは「～を刈り取る」や「摘み取る」という一般的な意味として使われていますが、pick her son to be a U.S. senatorのpickは「～を精選して大切に育て上げる」という意味で使われているわけです。

ニュース英語を読むときには、記者が工夫をこらして使っているこうした単語の微妙な使い分けについてもぜひご留意いただきたいと思います。

　そして最後に、シューマーはウォーノックが「人を鼓舞し勇気づけるような（inspiring）」素晴らしい選挙戦を行って勝利したことに「称賛を浴びせた（showered praise on）」としてこの記事を締めくくっています。

## 名詞praise❸：offer profuse praise on

　さて、これまで名詞としてのpraiseを使ったheap praise onとshower praise onという賞賛表現を見てきましたが、こうした表現のバリエーションの1つとして、praiseの前に形容詞を入れて、「動詞＋形容詞＋praise」という形の言い方もありますので、それをここでご紹介しておきたいと思います。

　ご紹介するのはバイデン大統領の最初の首席補佐官を務めたロン・クレインに関するもので、彼が2年間の勤めを終えて辞任したときのワシントン・ポストの記事です。バイデン大統領はこの記事の中でクレインに対してoffered profuse praiseしたと表現されるほど褒めちぎっています。

In his statement Friday, Biden **offered profuse praise** for

Klain, calling him "a once-in-a-generation talent with a fierce and brilliant intellect" as well as someone with "a really big heart."

(Washington Post, 2023/1/27)

●語注

| | | |
|---|---|---|
| profuse | 形 | たっぷり、あふれんばかりの |
| once-in-a-generation | 熟 | 一世代に一人出るほどの |
| fierce | 形 | 激しい、熱烈な |
| intellect | 名 | 知性 |

訳 ————————————

金曜日に発表した声明の中で、バイデンはクレインのことを「本当に大きな心を持った人物であるだけでなく、熱烈で素晴らしい知性を持った、一世代に一人の才能を持つ人物である」と呼ぶなど、彼のことを褒めちぎった。

　語注でも書きましたように、profuseは「たっぷり」とか「あふれんばかりの」といった意味ですので、**offer profuse praise**で「あふれんばかりの称賛を提供する」＝「褒めちぎる」という意味になるわけです。

　では、クレインのことをどのように「褒めちぎった」のかといいますと、バイデン大統領はクレインのことを「本当に大きな心の持ち主であるだけでなく（as well as someone with a really big heart）」、「熱烈で素晴らしい知性を持った一世代に一人の才能（a once-in-a-generation talent with a fierce and brilliant intellect）」と最大限の賛辞を投げかけています。

　ちなみに、クレインはバイデンの副大統領時代にも5年間首席補佐官を務めるなど、バイデンとは昔から非常に関係が深く、大統領首席補佐官の地位を去った今もバイデンが最も信頼する人物の一人であるといわれています。


## 称賛系の熟語❶：pay tribute to

　単独の動詞ではなく、「動詞＋名詞」という形で称賛を表現する言い方はまだほかにもあります。そうしたなか、ニュース英語でよく出てくる表現の1つにpay tribute toという言い方があります。
　tributeは「賛辞」という意味の名詞ですから、pay tribute toで「〜に賛辞を払う」＝「称賛する」という意味になるわけです。

　さて、下記でご紹介する記事は2022年12月にカタールで開催されたサッカーのワールドカップに関するものです。ベスト16に勝ち残った日本がクロアチアと対戦する前に、クロアチアの選手がそれまでの日本の戦いぶりを称賛したというものです。

Before Monday's last-16 match against Japan, Croatia midfielder Lovro Majer had **paid tribute to** what the Samurai Blue had done at this World Cup.

"They showed that it is not names that are playing, but what is more important is heart and courage. They deserved this and showed their quality," Majer said, per Reuters.

(CNN, 2022/12/5)

## ●語注

| | | |
|---|---|---|
| tribute | 名 | 賛辞 |
| deserve | 動 | 〜に値する、〜の価値がある |
| per | 前 | 〜によると、〜を通して |

## 訳

　ベスト16の最後の試合である月曜日の日本戦を前にして、クロアチアのミッドフィールダーであるロブロ・マヘル選手はこのワールドカップにおけるサムライブルーの成したことに賛辞を送った。

　「プレイで重要なのは有名選手であるという名前ではなく、より重要なことは選手の気持ちと勇気であると彼らは示した。彼らはベスト16に値するチームであり、彼らの質の高さを示した」と、ロイターによるとマヘルは語った。

まず記事では、「月曜日に行われる最後のベスト16の試合である日本戦を前にして（Before Monday's last-16 match against Japan）」、「クロアチアのミッドフィールダーであるロブロ・マヘルは今大会におけるサムライブルーの戦いぶりを称賛した（Croatia midfielder Lovro Majer had **paid tribute to** what the Samurai Blue had done at this World Cup」としています。

　そして記事はその次に、マヘル選手が日本チームを称賛する具体的な発言として次のように書いています。日本チームは「プレイで重要なのは有名選手であるという名前ではなく（it is not names that are playing）」、「より重要なことは気持ちと勇気である（what is more important is heart and courage）」ことを示したと発言したのでした。

　マヘル選手はさらにつけ加えて最後に、「彼らはベスト16に値するチームであり、その質の高さを示した（They deserved this and showed their quality）」と語っています。

　なお、文章の最後にper Reutersとありますが、ここでのperは語注にも書きましたように「〜によると」「〜を通して」という意味です。通常、perは「〜につき」とか「〜ごとに」という意味で用いられることが多いのですが、こうした意味もあることにぜひご留意いただきたいと思います。

# 称賛系の熟語❷：make complimentary remarks

　もう1つ「動詞＋形容詞＋名詞」という形の称賛表現をご紹介しておきましょう。具体的には**make complimentary remarks**という表現です。complimentaryは「お世辞を言う」「称賛の」という意味ですので、**make complimentary remarks**で「称賛の言葉を言う」＝「ほめる」「称賛する」という意味になります。

　ご紹介する記事は、トランプが大統領選再出馬を決めた場合、副大統領候補を誰にするかということに関するものです。

　トランプが大統領であった時代の副大統領はペンスでしたが、2021年1月6日の議事堂襲撃事件を機にトランプとペンスの仲は決定的に悪化し、トランプが大統領選再出馬をした場合でもペンスが副大統領候補になることは考えられない状況になっていました。そんな状況下に出たのが次のニュース記事です。

In Pence's place, Trump's inner circle believes an ideal No. 2 would embody at least some of Pence's attributes – absolute subservience and a willingness to spout the Trump line, both publicly and privately, no matter how outrageous. Trump has **made complimentary remarks** recently about Sen. Tim Scott (R-S.C.) and South Dakota Gov. Kristi L. Noem (R).

(Washington Post, 2022/11/15)

●語注

| in one's place | 熟 | 〜の代わりに |
|---|---|---|
| embody | 動 | 具体化する、体現する |
| at least | 熟 | 少なくとも |
| attribute | 名 | 特性、特質 |
| subservience | 名 | 従属、服従、追従 |
| willingness | 名 | 意志 |
| spout | 動 | 吐き出す、とうとうとまくし立てる |
| outrageous | 形 | 言語道断の、とんでもない、法外な |

訳 —————————————————————————

　ペンスの代わりとしては、トランプ陣営内部の人間は理想的なナンバー2は少なくともペンスの特性のいくつかを体現していることが必要だと考えている。すなわち、絶対的にトランプに服従し、どんなに法外なことであれ、公的にも私的にもトランプの発言内容を喜んでとうとうとまくし立てることができることである。そうした副大統領候補として、最近トランプはティム・スコット上院議員とサウスダコタ州のクリスティ・ノーム州知事の二人のことを称賛する発言をした。

——————————————————————————————

　記事では、ペンスの代わりになる副大統領候補が持っているべき特質として、その「いくつかはペンスが持っていた特質（some of Pence's attributes）」であるとしています。
　具体的には、それらの特質として「絶対的な服従（absolute subservience）」と「トランプがいかに法外なことを言

おうと、公的にも私的にもトランプの発言内容を喜んでそのままとうとうとまくし立てることができる能力（willingness to spout the Trump line, both publicly and privately, no matter how outrageous）」の2つを挙げています。

そして、記事は最後に、そうした特質を持った潜在的な副大統領候補として、トランプがティム・スコットとクリスティ・ノームの二人について「称賛した（made complimentary remarks）」と結んでいます。

なお、その後ティム・スコットは彼自身が共和党の大統領候補になるべく出馬をしていますが、早々と選挙戦から撤退しトランプ支持にまわっています。彼は穏健派の黒人で、その選挙区はサウスカロライナ州です。黒人票もサウスカロライナ州もどちらもトランプが大統領選で勝利するには大変重要な存在ですので、今後の状況次第では、実際にスコットがトランプの副大統領候補になることもあり得るかもしれません。

## 追従の言葉

さて本章の締めくくりとして、称賛が度を超したときに生じる「追従的な態度」を表現する語についていくつかご紹介しておきたいと思います。

こうした追従語については、お上品な受験英語や各種検定試験をいくら勉強していてもまず遭遇しない語だと思います。そうした「ワルの英語」というのは、これらのよう

な「真っ当な」英語試験においては、教育上ふさわしくないということでどうしても避けられてしまうのです。

　しかし、現実の世界はそんなきれいごとではすまされません。現実の世界というのはTOEICのような予定調和の理想的な世界ではないのです。むしろ、本章の批判語・非難語でも見てきましたように、世の中には良いこととよりもはるかに悪いことの方が多く起こっており、そうした悪いことを表現する英語を知らないかぎり、真の英語上級者にはなれません。そうした**良いことも悪いことも含めて現実世界で通用する英語を学ぶことができるのがニュース英語**なのです。


　さて、前置きが少し長くなりましたが、称賛が度を過ぎたときに出てくる態度を表す追従語について具体的に見ていきたいと思います。

　取り上げた記事はトランプが大統領時代のもので、その時代はトランプの周りの人間誰もがトランプに対しておべっかを使って追従的態度をとっていました。

　そんな中でもそうした追従的態度が最も甚だしかったのが副大統領のペンスでした。上記のとおり、ペンスは2021年1月の議事堂襲撃事件を機にトランプと完全に袂を分かつことになるのですが、それまではトランプに対する忠誠、追従的態度が人一倍顕著でした。

　次にご紹介する記事では、そんなペンスの追従的な姿が鮮やかに描かれています。少し長くなりますがご容赦ください。

Pence has compared Donald J. Trump to Ronald Reagan and Theodore Roosevelt, and the **accolades** only go north from there. Pence's vice presidential **hyperbole** was on early display when the Trump administration celebrated passage of the tax bill. At a Cabinet meeting and an afternoon event with Trump and Republican legislators, Pence **extolled** the President at length, on camera, with **flattery** that would have embarrassed most givers and receivers of **compliments**, including presidents and vice presidents of the past. Some in the press noted that Pence praised Trump every 12 seconds during a three-minute stretch of the Cabinet meeting. Pence's performance has prompted adjectives such as **fawning, groveling, toadying, and sycophantic**. （中略）

His **obsequious** behavior toward his boss raises troubling questions. The greatest worry about the **sycophantic** aspects of Pence's behavior is what it suggests about the operation of the presidency and the vice presidency. Once derided as superfluous, the vice presidency has become a more important part of the daily work of the modern presidency.

(CNN, 2018/5/10)

●語注

| accolade | 名 | 称賛、賛美 |

| | | |
|---|---|---|
| hyperbole | 名 | 誇張 |
| passage | 名 | 通過、成立 |
| Cabinet meeting | 名 | 閣議 |
| extol | 動 | 称賛する |
| at length | 熟 | 長々と、詳細に |
| flattery | 名 | お世辞、追従 |
| compliment | 名 | 賛辞、褒め言葉 |
| troubling | 形 | 厄介な、不安を感じさせる |
| deride | 動 | 嘲笑する |
| superfluous | 形 | 過剰な、過分な |

## 訳

ペンスはトランプのことをロナルド・レーガンとセオドア・ローズベルトになぞらえたが、トランプに対する賛辞はそれからも増すばかりだった。副大統領としてのペンスの誇張した称賛はトランプ政権が税制法案を成立させたお祝いのときに早くも表れた。閣議とその後に開かれたトランプと共和党議員との午後のイベントで、ペンスはカメラの前で、過去の大統領や副大統領も含め、それを与えた者も受けた者も当惑したであろうお世辞をもって長々とトランプのことを激賞した。閣議に陪席した何社かのメディアによると、ペンスは閣議で3分間話をした中で12秒に1回トランプのことを称賛した。そうしたペンスの演技はへつらい、卑しく這いつくばる、ゴマすり、おべっか使いといった言葉を思い出させる。（中略）こうしたペンスの上司に対する追従的な行動は厄介な問題を提起する。ペンスのおべっか使い的な行動に関する

最大の心配は、それが大統領と副大統領の仕事にもたらす影響である。かつて副大統領は余分なものとして嘲笑されたが、副大統領は現在の大統領制の毎日なすべき仕事の中では以前よりも重要な存在になっているのである。

---

●記事前半

　冒頭、記事ではペンスがトランプのことを「ロナルド・レーガンとセオドア・ローズベルトになぞらえた（compared Donald J. Trump to Ronald Reagan and Theodore Roosevelt）」と述べています。

　そして、そうした「称賛はそこからますます激しくなる（the **accolades** only go north from there）」としています。ここでaccolades がgo northと書かれていますが、これはincreaseと同じ意味で「増える」「増す」という意味になります。そしてこの反対は、言うまでもなくgo south「下がる」で、株価などを伝える記事にはよく出てきます。

　では、ペンスのそんな「副大統領としてのトランプ礼賛の誇張（vice presidential **hyperbole**）」はどこで「見られた（on display）」かといいますと、記事はそれを「トランプ政権が税制法案を成立させたお祝いのとき（when the Trump administration celebrated passage of the tax bill）」だったとしています。

　そして、ペンスがそうしたトランプ礼賛をしたのは、より具体的には「閣議の場と共和党議員たちとの午後のイベントのとき（At a Cabinet meeting and an afternoon event with

Trump and Republican legislators）」で、その際、「ペンスは
カメラの前で、過去の大統領や副大統領も含め、それを与
えた者もまた受けた者も当惑したであろうお世辞をもって
長々とトランプのことを激賞した（Pence **extolled** the Presi-
dent at length, on camera, with **flattery** that would have embar-
rassed most givers and receivers of **compliments**, including pres-
idents and vice presidents of the past）」のでした。

　すでにお気づきになった方もいらっしゃると思います
が、ここまでの記事で太字にした、**accolades, hyperbole,
extolled, flattery, compliments**はどれも称賛や礼賛を意味し
た語です。
　なお、hyperboleは厳密には「誇張」という意味ですが、
ここでは「誇張した称賛」という意味で使われていること
にもご留意ください。

●記事後半
　さて、記事の後半では、この先に追従系の言葉が連続し
て出てきます。具体的には、**fawning, groveling, toadying,
sycophantic, obsequious**という5つの形容詞で、これらはど
れも「へつらう」「おべっかを使う」「追従する」という意
味です。

　まず後半の文章の冒頭で、記事は「閣議に陪席した何社
かのメディアによると、ペンスは閣議で3分間話をしたな
かで12秒に1回トランプのことを称賛した（Some in the
press noted that Pence praised Trump every 12 seconds during a

three-minute stretch of the Cabinet meeting)」と述べています。

　そして、記事はそうしたペンスの行動を「演技（perfor-
mance）」であるとしたうえで、それは、**fawning, groveling,
toadying, sycophantic**と い っ た 形 容 詞 を「 刺 激 し た
（prompt）」＝「思い出させた」と書いています。

　さらに次の行では、そのようなペンスのトランプに対す
る言動をobsequiousと形容詞を変えて表現しています。そ
して、その次の文章では、ペンスの言動について再度
sycophanticという形容詞を使ってダメ押しの批判をしてい
るわけです。

# 第 3 章

遊び心と言葉遊び

本章では、ニュース英語の記事でよく見られる遊び心の精神や言葉遊びについて見ていきたいと思います。

　日本の新聞では遊び心のある表現を記事の中に書くことは不謹慎と見られる傾向があるため、そうした記事に出会うことはめったにありませんが、欧米の主要メディアのニュース記事ではそうした遊び心や言葉遊びが頻繁に登場します。

　そうした遊び心に満ちたものや言葉遊びについては日本の新聞記事などではほとんど見かけることはありませんので、ニュース英語にまだ慣れていない方は、最初のうちは「こんな書き方をしてもいいのか」と驚かれるかもしれません。しかし、**読んでいくうちにそうしたニュース英語の表現様式にも徐々に慣れていきます。**

　私もニュース英語を読みはじめたころは多少違和感がありましたが、今ではそうした遊び心や言葉遊びにあふれたニュース英語の記事の方が一般的な記事よりも楽しんで読めるようになりました。

# purrfect dayは「ニャン璧な一日」

　遊び心のあるニュース英語記事として最初にご紹介するのは8月8日が「国際猫の日」であることを伝える記事です。
　まずは、英語の遊び心を表したものとしては最も単純な**語呂合わせ的なもの（pun）**をご紹介しましょう。

> We hope you're ready because today is the most **purrfect** holiday of them all. Today, August 8th is International Cat Day 2023! If you forgot, or perhaps didn't know about this joyous occasion, don't worry – we're here to give you a primer on this adorable holiday.
>
> (USA TODAY, 2023/8/8)

●**語注**

| | | |
|---|---|---|
| joyous | 形 | 楽しい、喜びに満ちた |
| occasion | 名 | 時、機会 |
| primer | 名 | 手引書、入門書 |
| adorable | 形 | かわいい、愛らしい |

**訳** ─────────

　今日は休日の中でも最もニャン璧な日なので皆さんも準備ができていることを望みます。今日8月8日は国際猫の日です。もしあなたがお忘れでしたら、あるいはこの喜びに満ちた機会について知らなかったとしても、ご心配なく。私たちがこのかわいらしい休日についての入門知

識をお教えします。

---

　この記事は英文も内容も比較的平易なので、それほど補足説明もいらないと思いますが、注目していただきたいのはperfectではなくpurrfectとなっていることです。実際にはpurrfectなどという語はありません。

　しかし、上記のとおり、この記事が「国際猫の日」に関するものであることにちなみ、purrが「猫が喉をゴロゴロ鳴らす」という意味で、しかも発音がperfectのperと同じあることから、perfectではなくpurrfectと遊び心を発揮して書いているわけです。

　こうした語呂合わせ的なものはあまり高級な言葉遊びとは言えませんが、英語の遊び心の初歩的なものとして知っておいていただきたいと思います。

## コラム❷：アメリカ人は語呂合わせが好き

　語呂合わせは英語でpunと呼びますが、アメリカ人はこうしたpunが大好きでいろんな機会にpunの入った言葉遊びを楽しんでいます。

　ただ、アメリカ人がよく楽しんでいるのは単なる語呂合わせではなく、文章の中に出てくる言葉が二重の意味を持ち、そこに面白さを感じさせるものが多くなっています。そうした例としては、具体的には次のようなものがあります。

・Why do coffee cups avoid the city?
　They're afraid to get mugged.
　（コーヒーカップはなぜ都市を避けるのですか？　それはコーヒーカップたちは都市で襲われることを恐れているからです）
　→get muggedは"襲われる"という意味。またコーヒーカップはmugと呼ばれるのでそれに引っ掛けているわけです。

・Reading while sunbathing makes you well-red.
　（日光浴をしながら読書することはあなたを赤くする）
　→well-redで"よく赤い"という意味ですが、同じ発音のwell-readは"よく読書をしている"という意味になり、そこに二重の意味を持たせています。

・I don't trust trees. They're shady.

（私は樹木を信用していません。なぜなら、樹木は陰を
つくるからです）

→これがなぜpunとして面白いかといえば、shadyには2
つの重要な意味があるからです。1つは "陰になる"
という日本人が一般的に知っている意味ですが、
shadyにはもう1つ重要な意味があります。具体的には
"いかがわしい" "疑わしい" という否定的な意味です。
このpunでは、こうしたshadyが持つ2つの意味の違い
からその面白さが出ているわけです。

・What did the bread say to the baker?

You knead me.

（そのパンはパン屋に何て言ったのですか？　あなたは
私をこねることになると）

→この中に出てくるkneadというのは "練る" とか "こね
る" という意味で、パンを作るにはこの作業が絶対に
必要になってきます。

　一方、kneadと同じ発音の単語にneedがあり、この
文章では "こねる" という意味のkneadと "必要とする"
という意味のneedをかけているわけです。

・No matter how much you push the envelope, it will still be
stationery.

（あなたがどんなに封筒を押しても、それは依然として
文房具です）

→このpunを楽しむには熟語の知識が必要です。envelopeは"封筒"という意味ですが、push the envelopeになると、これは熟語として"限界に挑戦する"とか、"より高いレベルを求める"という意味になります。

　つまり、ここではpush the envelopeを文字どおりの意味と、それとはまったく違った熟語としての意味とをかけているわけです。

# all that fizzは「全部の泡の音」

　遊び心のある言葉遊びが入った英文として次にご紹介するのは、アメリカの炭酸飲料（soda）についての記事です。コカコーラを代表とする炭酸飲料はアメリカ人が大好きな飲み物で、巨大産業になっていますが、これはそんな炭酸飲料が健康に良くないことを伝えた記事です。

Americans love their soda. Valued at more than 413 billion dollars according to one analysis, the global soft drinks market continues to grow as people purchase their favorite soft drink brands at restaurants, convenience stores, and sporting events.

（中略）

But behind **all that fizz and flavor** exist a host of ingredients that have a surprisingly negative impact on the body. Those bubbles you see popping up are actually caused by carbon dioxide gas – a chemical compound that, along with many other ingredients within soda, affects one's stomach more than some might realize.

(USA TODAY, 2023/9/6)

●語注

| | | |
|---|---|---|
| analysis | 名 | 分析 |
| purchase | 動 | 購入する |
| fizz | 名 | 泡などのシューという音 |

| | | |
|---|---|---|
| a host of | 熟 | たくさんの、多くの |
| ingredient | 名 | 原料、材料 |
| carbon dioxide | 名 | 二酸化炭素 |
| chemical compound | 名 | 化学物質 |
| affect | 動 | 影響する |

## 訳

アメリカ人は炭酸飲料が大好きである。ある分析結果によると、その経済規模は4130億ドル以上あると評価され、人々がレストラン、コンビニ、スポーツイベントなどで自分の好きな炭酸飲料を買ってくれるので、その世界市場は拡大し続けている。

しかし、そうした泡や香りの背後には体に驚くべき悪影響を及ぼす数多くの原材料が含まれている。瓶の中から上がってくる泡は実際には二酸化炭素ガスによって発生したものであり、それは炭酸飲料に含まれる他の多くの原材料とともに、人々が認識している以上に胃に影響を与えている。

まず記事では、アメリカ人は炭酸飲料が大好きであると述べたうえで、「ある分析によると、その経済規模が4130億ドル以上にものぼる（Valued at more than 413 billion dollars according to one analysis）」としています。

そして、記事は続けて、「人々がレストラン、コンビニ、スポーツイベントなどで自分の好きなソフトドリンクを買い続けるので、世界のソフトドリンク市場は拡大し続けて

いる（the global soft drinks market continues to grow as people purchase their favorite soft drink brands as restaurants, convenience stores, and sporting events）」と述べています。

　そしてその次に、ソフトドリンク市場は拡大し続けているが、そのように市場が「沸き立っている背後には（behind **all that fizz and flavor**）」と書かれています。この語句の中にあるfizzは語注にも書きましたように、炭酸飲料などを開けたときの「泡などのシューという音」のことで、まさにこの記事の主題である炭酸飲料に引っ掛けた言葉遊びになっているわけです。

　また、それだけではなく、このall that fizzという語句は、「何もかも」とか「あれやこれや」という意味の**all that jazz**という成句を意識したものであるという点でも、遊び心満載の言葉遊びになっているといえます。

　映画ファンの方であれば、かなり昔ですが "All That Jazz" という有名な映画があったことを覚えていらっしゃるかもしれません。

　さて、炭酸飲料には「いろんな泡や香り（all that fizz and flavor）」がある一方、それには「体に驚くほど悪影響を及ぼす数多くの原材料が含まれている（exist a host of ingredients that have a surprisingly negative impact on the body）」と記事は書いています。

　では、炭酸飲料の中に入っている何が体に悪影響を及ぼすのでしょうか。それについて記事は、「ビンの中から上

がってくる泡は実際には二酸化炭素ガスによって発生したもの（Those bubbles you see popping up are actually caused by carbon dioxide gas）」だとし、その二酸化炭素ガスは「炭酸飲料に入っている他の多くの原材料とともに、人々が認識している以上に胃に影響を与えている化学物質である（a chemical compound that, along with many other ingredients within soda, affects one's stomach more than some might realize）」と述べています。

## shreddingは「ズタズタ裂き」

　次にご紹介するのは大学フットボールに関する記事です。強豪ルイジアナ州立大学（LSU）のコーチであるブライアン・ケリーが格下のフロリダ州立大学（Florida State）との試合に負けて激怒し、大荒れに荒れている様子を伝えたものです。

　語注も参考にしながら、ケリーがどんな毒舌を吐いたのか、一度読んでみてください。

After Florida State ripped LSU apart, the **shredding** continued in a postgame news conference that bordered on shocking. Brian Kelly laid bare LSU football's failures, sparing no one from his blistering rebuke. He called out himself, his staff and his team in an unrestrained way not often heard from a college coach after a loss in hostile environment to a top-10 opponent.

（中略）

Kelly was just getting warmed up. "This is a total failure," he said, "from a coaching standpoint and a player standpoint that we have to obviously address and we have to own." Kelly described his team as a bunch of imposters.

(USA TODAY, 2023/9/4)

●語注

| rip apart | 熟 | ズタズタにする、ばらばらにする |
| border on | 熟 | ～に近い |
| lay bare | 熟 | 暴露する、あらわにする |
| spare | 動 | 見逃す、大目に見る |
| blistering | 形 | 猛烈な、激しい |
| rebuke | 名 | 非難、叱責 |
| unrestrained | 形 | 抑制していない |
| hostile | 形 | 敵対的な |
| opponent | 名 | 対戦相手 |
| standpoint | 名 | 立場、観点 |
| a bunch of | 熟 | たくさんの～ |
| imposter | 名 | 詐欺師、ペテン師 |

訳 ─────

　フロリダ州立大学がルイジアナ州立大学をズタズタにして圧勝したあとも、ショッキングという表現に近いズタ

ズタ裂きは試合後の記者会見でも続いた。ルイジアナ州立大学のコーチであるブライアン・ケリーは自チームの失敗を暴露し、チームの誰に対しても激しく非難した。実際、ケリーは自分自身、スタッフ、チームの選手、誰も例外なしに抑制せずに批判したが、その批判は敵対的な状況の中でトップ10チームを相手に敗戦したチームのコーチからそうしばしば聞かれることがないようなものであった。

（中略）

ケリーはただウォームアップしていただけだった。「これはコーチの観点からも、選手の観点からも完全な失敗であり、明らかに我々はこれに対処しなければならないし、その失敗を認めなければならない」とケリーは述べた。そして、ケリーは極めつけに彼のチームのことを詐欺師野郎たちだと評したのである。

　この記事では、ニュース英語における遊び心が冒頭の文章で出てきます。具体的に記事では、「フロリダ州立大学がルイジアナ州立大学をズタズタにしたあとも、試合後の記者会見でショッキングともいえるズタズタ裂きが続いた（After Florida State ripped LSU apart, the **shredding** continued in a postgame news conference that bordered on shocking）」と書かれている部分です。

　ここで注目していただきたいのは、rip apartという熟語とその後に続くshreddingという語です。語注にも書きましたように、rip apartは「ズタズタにする」という意味で、

もっと具体的にいえば、「圧勝した」ということです。そのようにフロリダ州立大学がルイジアナ州立大学に圧勝したことを、遊び心を発揮してshredding（ズタズタ裂き）と表現しているわけです。

では、誰が誰のことをshreddingしたのでしょうか。それについてはその次の文章に明示されています。すなわち、大敗したルイジアナ州立大学のコーチである「ブライアン・ケリーは自分が率いるチームの失敗を暴露し、チームの誰に対しても激しく非難した（Brian Kelly laid bare LSU football's failures, sparing no one from his blistering rebuke）」のでした。

通常は、負けたチームのコーチは勝った相手チームが良かったとその健闘を讃えることが多いのですが、ケリーはよほど腹が立ったのか、自軍チームの選手をコテンパンに酷評したのでした。

もっとも、その次の文章にありますように、「ケリーは彼自身、スタッフ、チームの選手、誰も例外なしに抑制せずに批判したが、その批判は敵対的な状況の中でトップ10チームを相手に敗戦したチームのコーチからそうしばしば聞かれることがないようなものであった（He called out himself, his staff and his team in an unrestrained way not often heard from a college coach after a loss in hostile environment to a top-10 opponent）」と伝えています。この記述からだけでも、ケリーの怒りがいかに激しいものであったか、その様子がよく伝わってきます。

ところが、これでもケリーの怒りのまだ序の口だったのです。記事ではそれについて、「ケリーはウォームアップしていただけだった（Kelly was just getting warmed up）」と表現しています。

　その後、ケリーの怒りはどのように爆発したのかといいますと、ケリーは「これはコーチ、選手両方の観点からいってまったくの失敗であり、我々はそれに対処しなければならないし、またその失敗を認めなければならない（This is a total failure from a coaching standpoint and a player standpoint that we have to obviously address and we have to own）」と語ったうえで、最後に極めつけの侮辱の言葉として、「ケリーは自分のチームのことを詐欺師野郎たちだと述べた（Kelly described his team as a bunch of imposters）」のでした。

　最後に、ここで単語の意味として注意していただきたい多義語が2つありますので、それについて少し書いておきたいと思います。

　1つ目はaddressです。通常addressは名詞としては「住所」、また動詞としては「話しかける」や「演説する」という意味として覚えておられる方が多いかと思いますが、ニュース英語ではその多くがこの文章のように、「〜に対処する」「〜に取り組む」という意味で使われています。

　もう1つはownという動詞です。このownも通常は動詞としては「所有する」という意味として覚えている方が多いと思いますが、ニュース英語でよく使われるのは「〜を認

める」という意味です。

　こうした多義語の意味はニュース英語を正確に読むうえで欠かすことができない知識です。英文を読んでいて自分が知っている意味では文意が通らないと感じたときは、あなたが知らない他の意味がある場合が少なくありません。面倒がらずに、こまめに辞書を引くようにしていただきたいと思います。

　なお、こうした多義語については、『日本人が必ず間違える英単語100』（ディスカヴァー）という本を出版しておりますので、ご興味のある方はぜひお読みいただければ幸いです。


## trump upは「でっち上げる」

　次はtrump upという熟語を使って遊び心を発揮しているニュース記事です。

　**trump up**というのは「でっち上げる」という意味でこの記事の最後に出てきますが、ここでは明らかにトランプのことを意識して使っている熟語です。

　なお、この記事はトランプが2021年1月の議事堂襲撃事件に関連して起訴されたことについて、2024年大統領選に向けて共和党候補に名乗りをあげたロン・デサンティスとビベク・ラマスワミーの両候補が、いったんはトランプを批判する方に傾いたのですが、結局はトランプの起訴は

「でっち上げ」であるとしてトランプを弁護したというものです。

Florida Gov. Ron DeSantis and businessman Vivek Ramaswamy, both Ivy league-educated lawyers, edged ever so slightly toward condemning former President Donald Trump's conduct on Jan.6 – then quickly concluded, without seeing the evidence, that any charges against him are **trumped up**.

(NBC NEWS, 2023/7/19)

●語注

| | | |
|---|---|---|
| edge | 動 | 少しずつ進む |
| slightly | 副 | わずかに、少し |
| condemn | 動 | 非難する |
| former | 形 | 以前の |
| conduct | 名 | 行動 |
| conclude | 動 | 結論づける |
| charge | 名 | 起訴、容疑、嫌疑 |

訳 ────────────────────

フロリダ州知事のロン・デサンティスとビジネスマンのビベク・ラマスワミーは両者ともアイビーリーグで教育を受けた弁護士であるが、両者はトランプ前大統領の1月6日の行動に対してわずかにこれまで以上に非難する方向に向かったが、その後すぐに証拠も見ずに、トランプに

対するいかなる起訴もでっち上げられたものであると結論づけた。

---

　では、記事を見ていくことにしましょう。まず記事では、デサンティスとラマスワミー両候補に関する情報として、両者とも「アイビーリーグで教育を受けた弁護士（Ivy league-educated lawyers）」というエリートであることを伝えています。

　実際、デサンティスはハーバード・ロースクール、またラマスワミーはエール・ロースクール卒業という超エリートとしての学歴を持っています。

　そんな両候補は2024年大統領選にトランプに代わる共和党候補になろうとして立候補したのですから、本来はもっとトランプを攻撃してもよいはずです。

　特に議事堂襲撃事件については、トランプが暴徒たちを煽動したことは明らかです。おそらく両候補とも心中ではトランプの責任を確信していると思われます。そうしたこともあり、両者ともいったんは「トランプの1月6日の行動を非難する方向にわずかにこれまで以上に傾いた（edged ever so slightly toward condemning former President Donald Trump's conduct on Jan. 6）」のでした。

　ところが、両者とも「その後すぐに急転換して、証拠も見ずに、トランプに対するいかなる起訴もでっち上げであると結論づけた（then quickly concluded, without seeing the evidence, that any charges against him are **trumped up**）」のです。

「でっち上げる」という意味では、trump upのほかに **make up, cook up** という熟語や、**concoct, fabricate, distort, falsify** などの動詞もほぼ同じ意味として使うことができるのですが、ここでそんな語句を使ってはまったく遊び心のない文章となってしまいますので、やはりここではtrump upに登場願うしかなかったのでしょう。

## American Idleは「アメリカのアイドル」？

　次にご紹介するのは、バイデン大統領の休暇の多さについて皮肉たっぷりに書かれた記事です。記事によると、バイデン大統領は近年の大統領の中でもホワイトハウスで仕事することが最も少なく、約40％の時間をホワイトハウスから離れた場所や休暇で過ごしていると伝えています。

　そうした"不稼動な"バイデン大統領のことを、記事ではその冒頭で"He's the American Idle"と遊び心を発揮して揶揄しています。

　なお、American Idle（アメリカの怠惰な人）はAmerican Idol（アメリカのアイドル）というアメリカの有名なテレビ番組をもじったもので、idleとidolは同じ発音になっています。

He's the American Idle.

The 24/7 grind of the White House has been anything

but for President Biden, who has devoted more days to downtime than any of his recent predecessors, according to an analysis.

This Labor Day weekend, Biden once again plans to be 10 toes up at his Rehoboth Beach summer home – after a short trip to Florida to view Hurricane Idalia's wreckage.

As of last Sunday, Biden has spent all or part of 382 of his presidency's 957 days – or 40% – on personal overnight trips away from the White House, putting him on pace to become America's most idle commander-in-chief.

(New York Post, 2023/9/2)

●語注

| | | |
|---|---|---|
| grind | 名 | 単調な仕事 |
| downtime | 名 | 不稼動時間 |
| 10 toes up | 熟 | 不稼働な |
| as of | 熟 | ～時点で |
| predecessor | 名 | 前任者 |
| wreckage | 名 | 残骸、破壊されたもの |

訳 ————————————————————

彼はアメリカのアイドル（怠け者）

ホワイトハウスで毎日24時間週7日みっちり仕事をすることはバイデン大統領にとってはほど遠いものである。

114

実際、ある分析によると、バイデン大統領は近年の前任者たちの誰よりも不稼動時間が多いのである。

今週の労働記念日の週末も、バイデン大統領はハリケーン・イダリアの破壊の跡を視察するためにフロリダに短い旅をしたあと、またレホボス海岸にある彼の夏の別荘でゆったり過ごす予定である。

先週日曜日の時点で、バイデンは大統領就任以降957日のうち382日のすべて、あるいはその一部分——40％になるが——をホワイトハウスから離れた宿泊を伴う個人的な旅に費やしており、このままで行けばバイデンはアメリカ大統領の中で最も不稼動な大統領になる。

---

　前記のとおり、記事はバイデン大統領のホワイトハウスでの勤務日数が少なく、休暇や旅に出ていることが多く、あまり仕事をしていない「怠惰な（**idle**）」大統領であると皮肉を交えて揶揄しています。

　実際、記事の見出しは "Slacker-in-chief Biden keeps up record 40% 'vacation' pace despite disasters" となっています。見出しの冒頭にある語句**Slacker-in-chief**というのは「最高の怠け者」という意味で、軍の「最高司令官」である大統領を意味する**Commander-in-chief**をもじっているわけです。

　そして、記事はそうした不稼動なバイデン大統領の具体的な行動例として、「今週の労働記念日の週末にも、バイデンはハリケーン・イダリアで破壊された残骸を視察するためにフロリダに短期間旅をしたあと、レホボス海岸にあ

る夏の別荘でゆったりくつろぐ予定である（This Labor Day weekend, Biden once again plans to be 10 toes up at his Rehoboth Beach summer home – after a short trip to Florida to view Hurricane Idalia's wreckage）」と伝えています。

なお、ここで**10 toes up**という表現が出てきますが、これはアメリカの口語で、non-functioningやnon-operational, inactiveという意味です。つまり「不稼動」という意味で、idleの同義語になります。

こうした斬れる口語表現は、受験英語や英検、TOEIC、TOEFLなどの各種検定試験を勉強しているだけでは決して出会わない類のものです。

しかし、10 toes upという口語表現は私自身アメリカ人が使うのを実際に何度も聞いたことがあるぐらい日常的によく使われています。

正統派の英語で使われる語彙や表現を勉強することはもちろん大切なことではありますが、それだけではネイティブが普通に話す日常的表現さえ理解できないということを忘れないでいただきたいと思います。

## Tweedledum and Tweedledumberは
## マザーグースに出てくる？

次にご紹介するのは2004年の少し古いFortune誌の記事です。内容は当時の共和党、民主党両党の大統領候補であったブッシュとケリーがどちらも似たりよったりで、刺

激に欠ける候補者であることを揶揄したものです。

　そんな似たりよったりであるということを表現するのに、この記事では、Tweedledum and Tweedledeeという有名なマザーグースに出てくる表現を使っています。

　これはもともとマザーグースの童謡の一つだったのですが、その後ルイス・キャロルが『鏡の国のアリス』の中で使ったことによってより広く知られるようになりました。

Some say they're Tweedledum and Tweedledee (or **Tweedledum and Tweedledumber**, as it was put by a particularly acid writer on I forget which fringe of the political spectrum). Despite the divisiveness of the war issue, lots of voters – more than usual, it seems to me, from right and left – are complaining that Bush and Kerry are more alike than different, leaving us a choice with not much to choose from.

(Fortune, 2004/9/6)

●語注

| acid | 形 | 辛辣な |
|------|------|----------|
| fringe | 名 | へり、縁 |
| spectrum | 名 | 範囲、領域 |
| divisiveness | 名 | 不和、分裂 |

訳 ———————————————————————

　彼らはマザーグースに出てくるトゥイードルダムとトゥ

イードルディー（あるいは、政治思想のどの端にいる人であったか忘れたが、特に辛辣な作家が言うには、彼らはトゥイードルダムとそれよりもバカなトゥイードルディー）だと言う人もいる。戦争の問題で分裂しているにもかかわらず、多くの有権者は——右から左までいつも以上にと私には思えるが——ブッシュとケリーが違う以上に似ており、そのため私たちにはあまり多くの選択肢が残されていない状況になっていると不満を述べている。

記事の冒頭で、前記したマザーグースの「トゥイードルダムとトゥイードルディー」が出てきます。そして、ここでthey'reと言っているのは記事の後の方で出てくるブッシュとケリーのことで、そうした「ブッシュとケリー」のことを「トゥイードルダムとトゥイードルディー」だと言う人もいるというわけです。

そして、ニュース英語の遊び心にあふれた表現として出てくるのが、その次に出てくるTweedledum and Tweedledumberです。

すでにお分かりの方もいらっしゃるかと思いますが、これはTweedledumの最後のdumがdumb（愚かな）と同じ発音であることから、2つ目のTweedledumをTweedledumberという比較級に変えて「よりバカなトゥイードルダム」という意味にして言葉遊びを楽しんでいるわけです。

つまり、ブッシュとケリーは二人とも似たりよったりで

118

変わりばえはしないが、どちらか一方は変わりばえしない
とはいえ、「もっとバカ」かもしれないと揶揄しているの
です。

　そして記事は続けて、「戦争問題で分裂しているにもか
かわらず（Despite the divisiveness of the war issue）」、「右
から左まで（from right to left）」、いつもより多くの有権
者が「ブッシュとケリーは違う以上に似ているところの方
が多く、我々にはあまり多くの選択肢が残されていないと
不満を述べている（are complaining that Bush and Kerry are
more alike than different, leaving us a choice with not much to
choose from）」と結んでいます。


## a tipping pointは「転換点」？

　次にご紹介するのはアメリカのレストランにおけるチッ
プの問題を取り上げた記事です。近年アメリカではレスト
ランでのチップが高騰するだけでなく、レストラン以外の
持ち帰り店でもタッチスクリーンに3種類のチップ額が表
示されて支払いを無理強いされるケース（18％、20％、
25％の場合が多い）が目立っており、こうしたチップ制
のあり方に対する批判がかつてないほど強まっています。

**American diners may be reaching a tipping point.**
Not long ago, a restaurant tip was a 15 percent gratuity

for the server, calculated on a napkin and scrawled on a credit-card receipt at the end of a sit-down meal. The server didn't know the sum until the diner had departed. In 2023, tipping, or choosing not to, has expanded into a near-universal ritual of food service. Customers at a humble takeout joint might face a choice among three double-digit gratuities on a touch screen, under the penetrating gaze of a cashier.

(The Hill, 2023/6/23)

●語注

| gratuity | 名 | チップ |
| calculate | 動 | 計算する |
| scrawl | 動 | 走り書きする |
| sum | 名 | 合計 |
| depart | 動 | 出発する、立ち去る |
| ritual | 名 | 儀式 |
| humble | 形 | 粗末な、謙虚な |
| joint | 名 | 店、場所、安酒場 |
| face | 動 | 直面する |
| penetrating | 形 | 刺すような |
| gaze | 名 | 眼差し |

訳 ————————————————————

　アメリカで外食する人はチップに関する転換点を迎えて

いるかもしれない。

少し前まではレストランで払うチップはサーバーに対して15％で、着席しての食事の最後にナプキンの上で計算して、それをクレジットカードのレシートに走り書きしたものだった。そして、サーバーは客が店を出るまでそのチップの金額は分からなかったのである。

さて2023年の現在、チップ、あるいはそれを払わないことは、フードサービス業界におけるほとんど普遍的な儀式にまで拡大した。粗末な持ち帰り食堂のお客でも、今やレジ係の刺すような眼差しのもとで、タッチスクリーンに表示された3つの2桁のチップの額から選択するという状況に直面するかもしれない。

この記事では、冒頭の文章で遊び心が発揮された語句が使われています。具体的には**tipping point**という語句です。では、この語句のどこに遊び心が発揮されているかお分かりになりましたでしょうか？

これは「チップ」に関する記事ですので、その意味で**tipping point**と出てくるのは理解できると思いますが、tipping pointにはもう1つ、より重要な意味があります。それは「**転換点**」という意味で、ニュース英語では大変よく出てきます。

ここではtipping pointはそのまま「チップを行う点」という意味と、チップ制における「転換点」という二重の意味を持たせた言葉遊びになっているわけです。

では、アメリカにおけるチップ制は一体どうなっているのでしょうか。記事はそれについて、「少し前まではレストランでのチップはサーバーに15％（Not long ago, a restaurant tip was a 15 percent gratuity for the server）」というのが普通で、それは「着席して食事を終わった最後に、ナプキンの上で計算してクレジットカードのレシートにその額を走り書きする（calculated on a napkin and scrawled on a credit-card receipt at the end of a sit-down meal）」というものだったとしています。そのため、「サーバーは客が店を出るまでチップの金額を知ることができなかった（The server didn't know the sum until the diner had departed）」のでした。

　ところが、現在においては、「チップの支払い、あるいはそれを払わないことは、フードサービス業界におけるほぼ普遍的な儀式にまで拡大した（tipping, or choosing not to, has expanded into a near-universal ritual of food service）」としています。

　そうしたチップ制は今や、着席して食事をする従来型のレストランだけでなく、「粗末な持ち帰りの食堂（humble takeout joint）」のようなところでも、「レジ係が食い入るように見つめるなか（under the penetrating gaze of a cashier）」で、「タッチスクリーンに出てくる3つの2桁のチップ額を選択する状況に直面するかもしれなく（might face a choice among three double-digit gratuities on a touch screen）」なっていると述べています。

　このように、期待されるチップの額が上がることを

tipflation、また着席形式のレストランだけでなく、これまではチップを支払うことがなかったような持ち帰り店などにもタッチスクリーン形式のチップが広がってきたことをtip creep、さらには、上記のようにチップの額が上がったり、さまざまな形態の店にまでチップが広がってきて、外食する人が飽き飽きするようになった状況をtip fatigueと呼ぶようになっています。

## not all burgers are created equalは「バーガーが均等につくられていない」？

　次にご紹介するのは、アメリカ人が夏に自宅の庭でグリルなどをして食べる、大好きなホットドッグとハンバーガーの栄養内容に関する記事です。

　夏の暑い日などに、野外でホットドッグやハンバーガーを食べるのは本当に至福の時間ですが、加工食品であるこうした食べ物は必ずしも健康に良いとはいえません。

　記事では、そうしたホットドッグやハンバーガーがどんな材料で作られているかによって、健康効果に大きな違いがあることを伝えています。

"Summer is a time when people fire up the grill and indulge in delicious hot dogs and hamburgers, but it's important to remember that these foods may not always be the healthiest options," adds Melissa Wasserman Baker, a

New York-based registered dietitian and founder of Food Queries.

Ahead, a breakdown of the nutrition content of burgers and hot dogs, plus the final verdict on which may be better for you, according to health experts.

**Apparently not all burgers are created equal.**

As Wasserman Baker shares, hamburgers can vary in nutrition content, depending on ingredients.

(New York Post, 2023/7/15)

●語注

| | | |
|---|---|---|
| indulge | 動 | ふける、熱中する |
| registered | 形 | 登録された |
| dietitian | 名 | 栄養士、食事療法士 |
| founder | 名 | 創業者 |
| breakdown | 名 | 分析結果、内訳 |
| nutrition | 名 | 栄養 |
| verdict | 名 | 判決 |
| vary | 動 | 異なる |

訳 ―――――――――――――――――――

　「夏は人々がグリルに火をつけておいしいホットドッグやハンバーガーにふけるときですが、これらの食べ物は必ずしも最も健康的な選択肢ではないことを覚えておくのは重要なことです」とニューヨークに本拠を置く登録

栄養士でフード・クェリーズの創業者でもあるメリッサ・ワッサーマン・ベイカーは語っている。

これから、バーガーとホットドッグの栄養内容の内訳、さらには健康管理の専門家による、どちらがあなたの健康にとって良い食べ物であるかという最終判断についてもお知らせしよう。

その結果は、明らかにすべてのバーガーが平等につくられているわけではないことを示している。

ワッサーマン・ベイカーが言うように、ハンバーガーはそれに含まれる材料によって栄養内容が異なっているのである。

---

　記事ではまず、「夏はグリルに火をつけおいしいホットドッグやハンバーガーにふけるときだ（Summer is a time when people fire up the grill and indulge in delicious hot dogs and hamburgers）」と書いています。

　実際、アメリカの多くの家庭では7月4日の独立記念日の前後の時期に、家族団欒、あるいは親戚や友人を招いて自宅の庭でバーベキューパーティをよく行います。そんなときの主役になるのがホットドッグとハンバーガーです。

　しかし、アメリカ人が大好きなホットドッグやハンバーガーなどの食べ物は「必ずしも最も健康的な選択肢ではないことを覚えておくことが重要だ（it's important to remember that these foods may not always be the healthiest options）」とある栄養士は述べています。

　そして、「これから、バーガーとホットドッグの栄養内

容の内訳と、どちらがあなたにとってより健康によいのか健康管理の専門家による最終判断もお知らせします（Ahead, a breakdown of the nutrition content of burgers and hot dogs, plus the final verdict on which may be better for you, according to health experts）」と書かれています。

　そして、その結論としては「明らかにすべてのバーガーは平等にはつくられていない（Apparently not all burgers are created equal）」としています。

　なお、ここで注目していただきたいのは、この**not all burgers are created equal**という表現が、米国の独立宣言（Declaration of Independence）の中にある有名な**All men are created equal**を下敷きにした言葉遊びになっていることです。

　このようにニュース英語の記事では、**一見何の変哲もない普通の表現が、よくよく見ると、それはある有名な表現を下敷きにしたものだった**ということがよくありますので、これからニュース英語を読むときには、そのあたりのことにもぜひ注意していただければと思います。

　では、どのようにハンバーガーの栄養内容に違いがあるのかといいますと、栄養士によると、それは「ハンバーガーがつくられる材料による（depending on ingredients）」のだとしています。

# ketchup with / weenie / dog-eat-dog world はホットドッグの話

　前項でホットドッグやハンバーガーについてのニュース記事を取り上げましたので、ここではホットドッグにつける「ケチャップ」に関する記事を見てみたいと思います。

　この記事では、ホットドッグにケチャップをつけて食べるのは正しい食べ方なのかどうかという、昔からある論争について論じています。少し長いですが、なかなか面白い記事ですので、語注も参考にしながら一度読んでみてください。

> Life long hot dog lovers better **ketchup with** the latest toppings trends this July 4.
>
> Slathering a frankfurter in a layer of cool, tangy ketchup is a foodie faux pas for folks 18 and over, according to the National Hot Dog and Sausage Council, which argues that the condiment is strictly for kids.
>
> In fact, **the top dog** of the organization says dressing a wiener with ketchup is, well, kind **weenie**.
>
> "If you can vote, it's time for your taste buds to vote for a hot dog without ketchup," NHDSC president Eric Mittenthal told the Post.
>
> "The sweetness is just not the ideal match for a hot dog," continued the **big cheese**. As New Yorkers know, mustard, onions and sauerkraut are preferable toppings.

But whether the glaze deserves a place on your plate this Independence Day is up to each celebrant's free will.

Mark Rosen, vice president of marketing for Sabrett, the official hot dog of Madison Square Garden, tells the Post that in this **dog-eat-dog world**, there's absolutely "no shame" in putting ketchup on a hot dog.

"We don't see too many adults doing it anymore," said Rosen. "But if they do, it's totally fine."

"Do **whatever floats your boat** and puts a smile on your face this holiday and every day."

(New York Post, 2023/7/3)

## ●語注

| | | |
|---|---|---|
| slather | 動 | たっぷりと塗る |
| tangy | 形 | 舌にピリッとする |
| faux pas | 名 | 無作法、無礼 |
| condiment | 名 | 調味料 |
| top dog | 名 | 最高権力者、最高指導者 |
| weenie | 名 | 弱虫、ばか |
| taste bud | 名 | 味覚芽、味蕾 |
| preferable | 形 | より好まれる |
| glaze | 名 | 砂糖シロップ |
| deserve | 動 | 値する |
| celebrant | 名 | 祝賀者 |

今年の7月4日の独立記念日には、生涯を通じたホット
ドッグ愛好者もトッピングに関する最新の傾向について
いった方がいい。ケチャップをホットドッグにかけるの
は厳に子どもたちだけのためであると主張する全国ホッ
トドッグ・ソーセージ協会によると、フランクフルトソー
セージに冷たくてピリッとするケチャップをたっぷり塗
ることは18歳以上の人にとっては無作法なことである。
実際、その協会の最高指導者はウィンナーソーセージを
ケチャップで飾ることは、少し弱虫のような感じがする
と述べている。

「もし投票できるのなら、ケチャップなしのホットドッ
グにあなたの味蕾は投票すべきときだ」と協会の最高幹
部であるエリック・ミッテンソールは当紙に述べた。彼
はさらに、「ホットドッグにはケチャップの甘さは最適な
組み合わせではない」とも述べた。

ニューヨーカーなら知っているように、マスタード、オ
ニオン、そしてザウアークラウトなどがより好ましいトッ
ピングである。しかし、ケチャップが独立記念日のあな
たのお皿の上に値するかどうかは、もちろん各人の自由
意志次第である。

マディソン・スクエアガーデンの公式ホットドッグであ
るサブレット社のマーケティング担当副社長であるマー
ク・ローゼンが当紙に語ったところによると、この弱肉
強食の世界ではホットドッグにケチャップをかけても
まったく恥ではないとのことである。ローゼンは、「今で
は大人がケチャップをかけることはあまり見かけなく

なったが、もしそうしたとしてもまったく問題なく」、また「自分がハッピーになる好きなことを何でもして、この休日や毎日を笑顔で過ごしてください」と語っている。

---

　この記事には多くの言葉遊びが含まれていますが、お分かりになりましたでしょうか。

　実際、冒頭の文章から記者は言葉遊びを大いに楽しんでいます。具体的には、太字にしたketchup withです。これは記事の主題がケチャップであり、発音が似ているcatch up withをketchup withと言い換えて言葉遊びを楽しんでいるわけです。

　また、その少し後にあるIn fact, the top dog of the organization says dressing a wiener with ketchup is, well, kind weenieという文章にも、言葉遊びが出てきます。具体的には、まずtop dogです。語注にも書きましたように、top dogは「最高権力者、最高指導者」という意味ですが、ここではhot dogのdogにかけているわけです。

　さらに、最後にweenieという語が出てきますが、これも語注に書きました「弱虫」と「ウィンナー」という両方の意味があり、両者の意味をかける言葉遊びになっているわけです。

　また、記事の中盤にbig cheeseという語句が出てきますが、これは"大物"という意味の口語表現で、これもホットドッグと関連するcheeseが入った語句として使われています。

それから、Mark Rosenで始まる文章の中盤以降に**dog-eat-dog world**という語句が出てきますが、これも**hot dog**の**dog**と**dog-eat-dog world**（弱肉強食の世界）をかけた言葉遊びになっています。

　このように、記者は遊び心を思う存分発揮して、言葉遊びにあふれた大変面白い記事を書いてくれています。こうした遊び心にあふれた言葉遊び満載の記事については、日本の新聞や雑誌などでは不謹慎と見られがちで、なかなか出会えませんが、ニュース英語記事ではむしろ当たり前のようにして出てきます。


　最後にもう1つ、ご参考までにご説明しておきたいことがあります。

　それは文章の最後に出てくる**whatever floats your boats**という表現の意味についてです。これは、「自分がハッピーになることや好きなことは何でも」という意味の口語表現で、特にアメリカ人はよく会話の中で使う表現です。

　しかし、こうした「ネイティブであれば誰もが日常的に使い、映画やテレビドラマなどでも頻繁に出てくる表現」を、「正統派の英語」ばかり勉強してきた日本人はほとんど知りません。

　英語の難しい構文やビッグワードと呼ばれる難しい単語を覚えることも、もちろん重要です。しかし、どんなに難しい構文を理解でき、ビッグワードを知っていたとしても、こうした日常的に使われる口語表現が理解できなければ、それは本末転倒と言わざるを得ないでしょう。そうした生きた、斬れる口語表現を最も効率よく学べるのが

ニュース英語なのです。

　なお、こうしたニュース英語に出てくる口語表現については、さらにくわしく第6章でご紹介したいと思います。

# 第 4 章

## 辛辣な風刺・皮肉

英米人は基本的に非常に辛辣な皮肉や風刺を好みます。そうしたsatire（風刺）やirony（皮肉）はジョナサン・スイフトの『ガリバー旅行記』に代表されるように、英米文学においては古くから好んで書かれてきました。

　そうした文化的、文学的伝統をDNAとして強く引き継いでいるのが欧米のニュース英語記事なのです。

**　実際、ニュース英語を読んでいると、さまざまな形の辛辣な風刺や皮肉がたっぷり詰まった記事に非常によく出会います。**

　日本の新聞記事ではそうした風刺や皮肉に満ちた記事に出会うことがほとんどないだけに、余計にその違いを感じさせられます。

　本章では、ニュース英語でよく見られるそうした辛辣な風刺や皮肉の例をご紹介していきたいと思います。

# 第二の人生としてのgymnast

　まずご紹介するのは、一時、共和党の大統領候補として
トランプを凌駕する勢いを示したフロリダ州知事のロン・
デサンティスに関する記事です。彼は何とかトランプに追
いつこうともがくなかで、トランプよりも右の立場に立つ
ような極端な政策を次々に打ち出したため、かつて彼を支
持した者たちまで当惑させているという内容の記事です。

For all the contortions that Ron DeSantis' presidential
campaign is making, **one might think the Florida gover-
nor is mulling a second career as a gymnast.** In recent
months, DeSantis has taken stances that have given me –
and other conservatives – pause.（中略）By attempting to
show he's "to the right" of Trump on social issues,
DeSantis has taken extreme positions that could sink his
current ambitions – and even future ones.

(USA TODAY, 2023/8/9)

●語注

| | | |
|---|---|---|
| contortion | 名 | ねじれ、歪み |
| mull | 動 | 検討する、熟考する |
| gymnast | 名 | 体操選手 |
| take a stance | 熟 | 立場をとる |
| give someone pause | 熟 | 人を戸惑わせる |
| attempt | 動 | 試みる |

| social issue | 名 | 社会問題 |
| --- | --- | --- |
| sink | 動 | 沈める |
| take a position | 熟 | 立場をとる |

## 訳

ロン・デサンティスの大統領キャンペーンは選挙戦を好転させようとしていろんなことを行っているが、フロリダ州知事（＝デサンティス）は体操選手としての第二の人生を検討しているのではないかと考えてしまう。最近、デサンティスは私だけでなく他の保守派の人間をも当惑させるような立場をとった。（中略）彼は社会問題でトランプよりも「右に」いることを示そうとして極端な立場を取ったのだが、それは彼の現在、さらには将来の野望をも沈めてしまう可能性がある。

デサンティスは自身の選挙戦をかつてのような勢いのあるものに復活させようとして、トランプ以上に過激な政策を打ち出したり、自身の選挙陣営の入れ替えを行ったりするなどさまざまな手を打ってきました。それを記事では「ねじれ（contortions）」と称しています。

しかし、そのようにデサンティス自身は努力したつもりでも、彼を支持してきた保守派の人たちには不評だったようで、「デサンティスは体操選手としての第二の人生を考えているのではないかと思わせる（one might think **the Florida governor is mulling a second career as gymnast**）」と辛辣な皮肉を言っています。

ここで皮肉を表現するものとして**gymnast**（体操選手）という言葉が使われていることに注目してください。gymnastは人間業とは思えないような曲芸的演技を見せる人を象徴する意味で使われているのですが、デサンティスがやっていることもそれと同じく曲芸的なもので、成功の可能性は極めて少ないことを示唆しているわけです。

　そして、記事は最近「デサンティスが取った立場は自分だけでなく、他の保守派の人間をも当惑させた（DeSantis has taken stances that have given me – and other conservatives – pause）」と続けています。

　では具体的に、デサンティスの取ったどんな立場が保守派の人たちを当惑させたのでしょうか。それについて記事は、「社会問題でデサンティスがトランプよりも右にいることを示そうとして（By attempting to show he's "to the right" of Trump on social issues）」、「デサンティスは極端な立場を取った（DeSantis has taken extreme positions）」と述べています。

　また記事は、そうしたデサンティスの立場は、「彼の現在の野望だけでなく、将来の野望さえも沈ませる可能性がある（could sink his current ambitions – and even future ones）」とまで書いていますが、言うまでもなく、デサンティスの「現在および将来の野望」というのは大統領になることです。

## キャンペーン・マネージャー応募を装った痛烈な皮肉

　次にご紹介する記事も、デサンティスの大統領選キャンペーンに関するものです。前項のニュース記事でも見たとおり、デサンティスの大統領選キャンペーンの失速は激しく、それを挽回しようとしてデサンティスはトランプよりも極端な政策を打ち出したり、自陣営の選挙スタッフを入れ替えたりするなど、支持者の間でもその混乱ぶりに当惑する声が出ていました。

　特に選挙スタッフについては、その中心的存在であるキャンペーン・マネージャーを入れ替えるなど混乱を極めていました。

　そんな状況を見て、USA TODAYの記者がデサンティスのキャンペーン・マネージャーに応募するという形式で、デサンティスを痛烈に皮肉る記事を書いたのが下記です。

To: The Ron DeSantis presidential campaign
From: USA TODAY columnist Rex Huppke
Subject: Application for campaign manager position

Dear Gov. DeSantis:

My name is Rex Huppke and **I'm applying for the soon-to-be-open-again position of campaign manager with your gobsmackingly horrendous presidential campaign.**

I realize you just replaced previous campaign manager Generra Peck with your former chief of staff, James Uthmeier. **But given the campaign's track record of being almost comically awful, I feel confident that by the time you receive this application, the position will be open again.**

(USA TODAY, 2023/8/9)

## ●語注

| | | |
|---|---|---|
| gobsmackingly | 副 | 驚くべきほど |
| horrendous | 形 | 恐ろしい、身の毛がよだつ |
| replace | 動 | 取りかえる |
| given | 前 | ～を考慮すると |
| comically | 副 | 滑稽なほど |
| awful | 形 | ひどい、凄まじい |

## 訳

ロン・デサンティス大統領キャンペーン御中
USA TODAYコラムニストのレックス・ハプケより
主題：キャンペーン・マネージャー職への応募

親愛なるデサンティス知事

私の名前はレックス・ハプケです。あなたの驚くほどひどい大統領選挙キャンペーンで、もうすぐ再び空席にな

るキャンペーン・マネージャーの職に応募したいと思います。

あなたは前のキャンペーン・マネージャーであるジェネラ・ペックに代えて、あなたの元首席補佐官であったジェームズ・ユスマイアーを新キャンペーン・マネージャーに就任させたと了解しています。しかし、これまでのあなたのキャンペーンがほとんど滑稽なほどひどいものだったことを考えると、あなたが私のこの応募書類を受け取るときまでにはキャンペーン・マネージャーの職はまた空席になっていることを確信しています。

---

　それでは、記事を見ていきましょう。記事の最初に、To, From, Subjectとありますが、これらはこの文章が誰に対して（To）、誰から（From）、何について（Subject）書かれたものであるかを示しています。

　またこれらの下にDear Gov. DeSantisとありますので、これがデサンティス知事に宛てて書かれたものであることがわかります。そして、その次の文章からが本文ということになります。

　さて本文では、まず自分の名前を書いたあとで、「私はあなたの驚くほどひどい大統領選キャンペーンで、もうすぐまた空席になるキャンペーン・マネージャーに応募したいと思っています（I'm applying for the soon-to-be-open-again position of campaign manager with your gobsmackingly horrendous presidential campaign）」と、冒頭から痛烈にデサンティスを皮肉っています。

こうした皮肉という観点で、特に注目していただきたい部分が2つあります。

　1つはI'm applying for the soon-to-be-open-again position of campaign managerという文章の中の、**the soon-to-be-open-again position**となっている部分です。

　これは、この後の文章に出てきますように、デサンティスは自陣営の立て直しを目指して選挙戦の中心人物であるキャンペーン・マネージャーを入れ替えたのですが、「その人もすぐにまた入れ替えられてキャンペーン・マネージャーの職が空席になるだろう」から、それを見込んでその職に応募しているのだという痛烈な皮肉になっているわけです。

　そしてもう1つは、その後に**your gobsmackingly horrendous presidential campaign**（あなたの驚くほどひどい大統領キャンペーン）と、ここでもこれ以上ない痛烈な書き方で皮肉っていることです。

　記事では、その次にデサンティスが入れ替えた新旧キャンペーン・マネージャーの名前を書いたあと、given以下の最後の文章で、デサンティスに対するとどめの皮肉を刺しています。

　では、どういう表現で皮肉っているのかといいますと、まず記事では「ほとんど**滑稽なほどひどかったこれまでのキャンペーンの実績を考えると**（given the campaign's track record of being almost comically awful）」と、この部分だけでも極めて激しい皮肉を言っています。

そして極めつけとして、あなたが私のこの応募書類を受け取るときまでには、「キャンペーン・マネージャーはまた空席になっている（the position will be open again）」ことを確信しています（I feel confident）とまで述べています。

## テイラー・スイフトがいがみ合う<br>民主・共和両党を結びつける

次にご紹介するのは、現在アメリカで最も人気ある女性歌手だといわれているテイラー・スイフトに関する記事です。

テイラー・スイフトは2023年にEras Tourという全米ツアーを実施することになり、前年の11月ごろよりチケット販売業者経由で前売りを始めました。

ところが、スイフトのツアーの人気があまりに凄まじく予約が殺到したため、チケット販売業者最大手のTicketmasterのコンピューター・システムがダウンしてしまい、全米を揺るがすほどの大騒動になりました。

そうした事態を受けて、アメリカの議会はTicketmasterの親会社であるLive Nationの経営幹部を議会で激しく詰問したのでした。

Lawmakers grilled a top executive of Ticketmaster's parent company, Live Nation Entertainment, on Tuesday after the service's inability to process orders for Taylor Swift's upcoming tour left millions of people unable to buy tickets late last year. (中略)

"I want to congratulate and thank you for an absolutely stunning achievement," Sen. Richard Blumenthal said to Berthold. "You have brought together Republicans and Democrats in an absolutely unified cause."

(CNN, 2023/1/24)

## ●語注

| | | |
|---|---|---|
| lawmaker | 名 | 議員、立法者 |
| grill | 動 | 激しく尋問する |
| executive | 名 | 幹部 |
| parent company | 名 | 親会社 |
| congratulate | 動 | 祝福する |
| stunning | 形 | 驚くべき |
| achievement | 名 | 偉業 |
| unified | 形 | 統一された、一つになった |
| cause | 名 | 大義、主張 |

## 訳

テイラー・スイフトの来るべきコンサートツアーの予約を適切に処理することができなかったため、昨年の終盤に数百万人もの人が彼女のコンサートチケットを購入できなかったことを受けて、議員たちは火曜日にチケットマスターの親会社であるライブ・ネーション・エンター

テインメント社の最高幹部を激しく尋問した。（中略）
　「私は御社の本当に驚くべき偉業に対して心から祝福し感謝したいと思っている」とリチャード・ブルメンソール上院議員は（ライブ・ネーション・エンターテインメント社の最高幹部である）バートホールドに対して語った。「あなたは共和党と民主党が絶対に一つになれる大義を与えてくれて団結させてくれたのです」

---

　では、記事を見ていきましょう。まず「議員たちがチケットマスターの親会社であるライブ・ネーション・エンターテインメント社の最高幹部を激しく尋問した（Lawmakers grilled a top executive of Ticketmaster's parent company, Live Nation Entertainment）」とあります。

　なお、ここで「激しく尋問する」という意味でgrillという動詞が使われていることにご注目ください。この記事のように、何か事件が起こったときに議員たちが関係者を証人喚問して議会に呼び関係者を責め立てることをgrillといい、ニュース英語では非常に頻繁に出てくる言葉です。

　では、なぜ議員たちは企業幹部を責め立てたのでしょうか。それについては、その次に出てくるafter以下の文章を読めば分かります。

　すなわち、それは「テイラー・スイフトの来るべきコンサートツアーの予約をチケットマスターが処理できなかった（the service's inability to process orders for Taylor Swift's upcoming tour）」ことによって、「数百万人もの人がチケッ

トを購入できなかった（left millions of people unable to buy tickets）」からでした。

　なお、これは前著『「ニュース英語」の読み方』の中でもニュース英語の特徴の1つとして取り上げたことですが、**the service's inability to process orders**という文章が**無生物主語**の形になっていることにもご留意いただければと思います。

　そして、いよいよここからがこの記事の真骨頂になります。具体的には、問題を起こした親会社の最高幹部に対して、ブルメンソール上院議員は「私は御社の本当に驚くべき偉業に対して心から祝福し感謝したいと思っている（I want to congratulate and thank you for an absolutely stunning achievement）」と強烈な皮肉の言葉を発しています。
　全米で話題になるほどの大問題を起こした企業の最高幹部に対して、単に「祝福し感謝したい（**I want to congratulate and thank you**）」というだけでも強烈な皮肉なのですが、さらにそれに追い討ちをかけるように、「御社の本当に驚くべき偉業に対して（**for an absolutely stunning achievement**）」という極めつけの皮肉を吐いています。

　しかし、ブルメンソール上院議員の皮肉はこれだけでは終わりません。
　上記に続いて彼は、何事についても対立している「共和党と民主党が絶対的に一つになれる大義によって両党を結びつけてくれた（**brought together Republicans and Demo-**

crats in an absolutely unified cause）」と、まさにこれぞ皮肉中の皮肉といえる言葉を吐いているのです。


## 全力を挙げてより面白くならないように
## 努力しているスポーツ

　次にご紹介するのはフットボールに関する記事です。フットボールは今でもアメリカで最も人気のあるスポーツで、老若男女を問わず非常に多くの人が熱狂しています。
　ただ、そのように非常に高い人気を誇るフットボールですが、最近は試合内容が以前ほど面白くなくなったという声が多くなってきました。
　記事はフットボールを取り巻くそうした状況について、たっぷり皮肉を込めて書いています。

**A sport striving with all its might to become less interesting** just held the first chockablock Saturday of its fresh season, and it seemed more aching than ever to scour that Saturday for the charms it might have yielded.

(Washington Post, 2023/9/3)


### ●語注

| strive | 動 | 努力する |
|---|---|---|
| might | 名 | 力、権力 |
| chockablock | 形 | ぎっしり詰まった、満杯の |

| | | |
|---|---|---|
| aching | 形 | 痛む、切望する |
| scour | 動 | 探し回る |
| charm | 名 | 魅力 |
| yield | 動 | 明け渡す、譲る |

訳 ——————————————————

全力でより面白くないようになろうと努力しているスポーツがこの土曜日に観客でぎっしり詰まった新シーズンの最初の試合を行ったが、そのスポーツが明け渡してしまった魅力をこの土曜日に探し求めることはこれまで以上に望まれることのように思われた。

———————————————————————

　この記事を書いたのはチャック・カルパパー（Chuck Culpepper）というワシントン・ポストの有名なスポーツ記者で、彼の文章は辛辣な皮肉と風刺がきいていることで有名です。

　では、カルパパーはこの記事でどんな辛辣な皮肉を言っているのでしょうか。それは記事の冒頭に出ています。

　具体的には、彼は**フットボール**のことを**「より面白くないようになろうと懸命に努力しているスポーツ**（A sport striving with all its might to become less interesting）**」**と何とも**強烈な皮肉**を放ち、最近のフットボール試合のつまらなさを揶揄しています。

　そんなフットボールの新しいシーズンが開幕し、いつものように「満員の（chockablock）」観客を集めて最初の試

合が行われたのですが、カルパパーはそんな試合を見ても、「フットボールが明け渡してしまった魅力を土曜日に探し回るのは今まで以上に望まれる（more aching than ever to scour that Saturday for the charms it might have yielded）」と語っています。

　なお、ここでachingという形容詞が出てきていますが、一般的にはachingは"心が痛む"という意味で使われることが多くなっています。しかし、ここでは"心が痛む"という意味ではなく、"切望する""望まれる"という意味で使われています。

　つまり、土曜日に行われるフットボール（＝大学フットボール）の試合はかつてほど面白くなくなったので、一日も早く往年の魅力を取り戻してくれることを"望む"と言っているわけです。


## 攻撃と守備以外は順調なフットボールチーム

　もう1つフットボールに関する記事をご紹介したいと思います。ご紹介するのはアメリカの大学フットボールチームの中でも最強豪校の1つであるアラバマ大学のフットボールチームに関する記事です。

　アラバマ大学のフットボールチームは過去18回全米チャンピオン（2023年現在）に輝くなど、「アラバマといえばフットボール」というのがアメリカ人の常識になっています。特に、2007年以来コーチを続けてきたNick Saban

（ニック・セイバン）は全米で最も有名なコーチの一人であり、コーチに就任以来、アラバマ大学を6回全米チャンピオンに導いています。

　そんな強豪校のアラバマ大学ですが、2023年のシーズン開幕直後はチームの状況が悪く、格下のテキサス大学（格下といっても強豪校）に敗れてしまいました。下記はそんなアラバマ大学の状況を痛烈に皮肉った記事です。

Alabama had real problems, and Saban knew it. But the warnings never registered, at least not until Texas came into Tuscaloosa and laid a 34-24 beatdown on a program that looked like a shell of what it once was.

What this game revealed about Alabama is shockingly simple: **Right now, the Crimson Tide isn't very good on offense or defense. Other than that, things are just great.**

(USA TODAY, 2023/9/10)

●語注

| | | |
|---|---|---|
| register | 動 | 心に残す、印象を残す |
| lay a beatdown | 熟 | やっつける、痛めつける |
| reveal | 動 | 見せる、明らかにする |
| Crimson Tide | 名 | アラバマ大学のニックネーム |

訳 ───

　アラバマ大学には真の問題があり、そのことをセイバンは知っていた。しかし、テキサス大学がタスカルーサに

やってきて、以前の殻のように見えたフットボールチームを34-24でやっつけるまでは、少なくともその警告が心に残ることは決してなかった。

この試合がアラバマ大学について明らかにしたことは驚くほど簡単なことである。すなわち、現在、アラバマ大学のフットボールチームは攻撃も守備もあまりよくないということである。それ以外はすべて順調である。

---

　記事では冒頭で、アラバマ大学のフットボールチームには「真の問題があった（Alabama had real problems）」と書いたうえで、コーチの「ニック・セイバンもそれを知っていた（Saban knew it）」としています。

　では、そうしたチームが抱える問題をセイバンや彼のスタッフたちは認識していたのでしょうか。それについては、そうした問題に関する「警告は決して心に残らなかった（the warnings never registered）」としています。

　そして、そうしたチームが抱える問題の重要性が分かったのは、対戦相手のテキサス大学がタスカルーサ（＝アラバマ大学の本拠がある都市）にやってきて、「以前の殻のように見えたチームを34—24でやっつけた（laid a 34-24 beatdown on a program that looked like a shell of what it once was）」ときだったと手厳しく批判しています。

　語注にも書きましたが、lay a beatdownは「やっつける」という意味で、get a beatdownとなると反対に「やっつけ

られる」という意味になります。

それから、ここではshell（殻）という語が使われていますが、これは外見は同じでも、中身がまったく違って空っぽになっているという批判的意味になっています。

さらに記事は痛烈にアラバマ大学を皮肉ります。まず、「この試合でアラバマ大学について明らかになったことは驚くほど簡単なことである（What this game revealed about Alabama is shockingly simple）」とし、それがどういう意味であるかについてコロン以下でより具体的に書いています。

すなわち、「現在、アラバマ大学は攻撃も守備もあまりよくない（**Right now, the Crimson Tide isn't very good on offense or defense**）」と書いたうえで、「それ以外はすべて順調である（**Other than that, things are just great**）」と強烈な皮肉を飛ばしているのです。

では、「それ以外はすべて順調である」と書くことが、なぜ強烈な皮肉になるかお分かりでしょうか。

ご承知のとおり、フットボールという競技（他のスポーツも同様ですが）は基本的に攻撃と守備の2つによって成り立っています。その攻撃と守備の2つともよくないということは、チーム状態が最悪であるというのと同義であり、「それ以外はすべて順調である」というのは、チームの現状によいところは何もないと皮肉っていることにほかならないからです。

# 虫除けになったトランプ

　次にご紹介するのは、2022年11月に行われた米国中間選挙で戦前の予想とは異なり、共和党が思ったように勝てず、民主党が善戦したときのトランプに関する記事です。
　そうした共和党の不振の原因として政治関係者やメディアで特に責められたのがトランプだったのです。

> After three straight national tallies in which either he or his party or both were hammered by the national electorate, it's time for even his stans to accept the truth: **Toxic Trump is the political equivalent of a can of Raid.**
> **What Tuesday night's results suggest is that Trump is perhaps the most profound vote repellent in modern American history.**
> **The surest way to lose in these midterms was to be a politician endorsed by Trump.**
>
> (New York Post, 2022/11/9)

## ●語注

| | | |
|---|---|---|
| tally | 名 | 勘定、数などの記録 |
| hammer | 動 | 叩きのめす |
| electorate | 名 | 有権者 |
| stan | 名 | 熱狂的なファン |
| equivalent | 名 | 同等のもの |
| profound | 形 | 深刻な、重大な、深い |

| repellent | 名 | 防虫剤、虫除け |
| endorse | 動 | 支持する、承認する |

訳 —

　トランプあるいは彼の政党、あるいはその両方が全国の有権者によって3回続けて叩きのめされた今、トランプの熱狂的なファンでさえも真実を受け入れるときである。その真実とは、トランプが虫除けの缶と政治的には同等のものであるということだ。

　火曜日の夜の結果が示唆しているのは、近代のアメリカ史においておそらくトランプが最も深刻な投票除けになっているということである。

　中間選挙で負ける最も確実な方法はトランプに支持された政治家であることだった。

　記事の冒頭では、「トランプあるいは彼の政党、あるいはその両方が全国の有権者によって3回続けて選挙で叩きのめされた（After three straight national tallies in which either he or his party or both were hammered by the national electorate）」という事実を伝えています。

　そして、その事実を根拠に、「トランプの熱狂的なファンでさえも真実を受け入れるべきときである（it's time for even his stans to accept the truth）」と主張しています。

　では、どんな真実を受け入れるべきだというのでしょうか。それについてはコロンのあとに書かれています。すな

わち、「有害なトランプは虫除けの缶と政治的には同じものである（**Toxic Trump is the political equivalent of a can of Raid**）」という真実を受け入れるべきだというのです。

なお、この文章で分かりにくいのはa can of Raidではないかと思います。アメリカでの生活経験がある方はご存じだと思いますが、Raidというのは代表的な虫除けスプレーの商品名で、野外でバーベキューやキャンプをしたりするときなどにはこの商品をよく持っていきます。

つまり、ここでは今やトランプは有権者を虫除けのように追っ払ってしまう存在になったという皮肉を言っているわけです。

さらに記事は追い討ちをかけます。「火曜日の夜の結果が示唆していること（**What Tuesday night's results suggest**）」は、おそらくトランプが近代アメリカ史における最も深刻な投票除け（vote repellent）になってしまっていることだとしています。

なお、ここではvote repellentを「投票除け」と訳しましたが、これはトランプがいるためにトランプが支持した候補や政党に有権者が投票しないという虫除けのような存在になっていることを表現しています。

つまり、**political equivalent of a can of Raid**とvote repellentは同じ意味を言い換えた皮肉になっているわけです。

トランプに対する痛烈な皮肉は、これだけでは終わりません。

記事では最後のトドメを刺すかのように、「中間選挙で

負ける最も確実な方法はトランプに支持された政治家であることだった（The surest way to lose in these midterms was to be a politician endorsed by Trump）」とトランプを皮肉っています。


## コインを投げるのと同じぐらい貴重な専門家の意見

　次にご紹介するのは、世界の政治経済エリートが集まり、その年の世界経済や国際情勢について議論する有名なダボス会議に関する記事です。

　私も1998年から3年連続して出席する機会を得ましたが、会場に入るとテレビでしか見たことがないような主要国の大統領、首相、石油大臣など、さらには著名な経営者や学者などがごく普通にそばを通っていきます。また、レストランに入っても、隣のテーブルで著名な政治家と世界的な経営者が食事や会議をしているところによく出会いました。

　ダボス会議はそんな世界的な政治家、経営者、有識者たちが集まる会議ですから、さぞかしそこで議論されて出てくるその年の世界経済や国際情勢に関する予測は正確なものだろうと思われる方が多いと思います。

　しかし、この記事によると、現実は必ずしもそうでもないようです。

Trying to forecast the state of the world each year by gauging the mood of participants at the annual meeting of the World Economic Forum in Davos is **as valuable an exercise as flipping a coin.**

That long-held suspicion was confirmed by an analysis in the Financial Times last week. Scouring data from a half-century of Davos conferences, it found that **the consensus of the elites who gather there every January is almost exactly as likely to be wrong as right.**

(Wall Street Journal, 2023/1/23)

## ●語注

| | | |
|---|---|---|
| forecast | 動 | 予想する |
| gauge | 動 | 測定する、測る |
| participant | 名 | 参加者 |
| valuable | 形 | 価値のある |
| suspicion | 名 | 疑念、疑惑 |
| confirm | 動 | 確認する |
| analysis | 名 | 分析 |
| scour | 動 | 徹底的に調べる、探し回る |

## 訳

ダボスで毎年開催されるワールド・エコノミック・フォーラムの会議参加者のムードを測ることによって毎年の世界情勢を予想しようとすることは、コインを投げ上げる

のと同じぐらいの価値しかない。

　以前から長くあったそうした疑念が先週フィナンシャル・タイムズの分析によって確認された。過去半世紀にわたるダボス会議からのデータを徹底的に調べたところ、毎年1月にそこに集うエリートたちのコンセンサスは正しいのとほとんど同じぐらい間違っていることが同紙によって明らかになった。

　冒頭の文章から、記事ではダボス会議の参加者によるその年の世界経済や政治に関する予測が思ったほど正確なものではないことを伝えています。

　具体的には、記事はワールド・エコノミック・フォーラムが主催する毎年のダボス会議の「参加者のムードを測ることによって毎年の世界情勢を予測しようと試みること（Trying to forecast the state of the world each year by gauging the mood of participants）」は、「コインを投げ上げるのと同じぐらいの価値しかない（as valuable an exercise as flipping a coin）」と非常に皮肉った表現で書いています。

　コインを投げ上げれば、表が出るか裏が出るかはほぼ半々の確率ですから、ダボス会議に参加するような世界の有識者の見解もまったく当てにならないことを皮肉っているわけです。

　では、ダボス会議の参加者による予測が当てにならないことはどうして分かったのでしょうか。それについて、記事では次のように書かれています。

「以前から長くあったそうした疑念はフィナンシャル・タイムズの分析によって先週確認された（That long-held suspicion was confirmed by an analysis in the Financial Times last week）」というのです。

具体的には、フィナンシャル・タイムズは「過去半世紀のダボス会議のデータを徹底的に調べた（Scouring data from a half-century of Davos conferences）」ところ、「毎年1月に集まるダボス会議のエリートたちのコンセンサスは正しいのと同じぐらい間違っていることが同紙によって明らかになった（it found that the consensus of the elites who gather there every January is almost exactly as likely to be wrong as right）」のでした。


## 数字の公表をやめることが問題解決になる

次にご紹介するのは中国に関する記事です。近年、中国では若者の失業率が急上昇していることが社会不安の一因になっています。

そんな状況を受けて、中国政府はある対応策を打ったのですが、その対応策を痛烈に皮肉ったのが下記の記事です。

China's soaring levels of youth unemployment have heightened fears the world's second-largest economy is heading for a crippling slowdown. **Beijing has come up with a solution: It will stop releasing the numbers.**

(Washington Post, 2023/8/15)

| | | |
|---|---|---|
| soaring | 形 | 急上昇する |
| unemployment | 名 | 失業 |
| heighten | 動 | 高める |
| head for | 熟 | 〜へ向かう |
| crippling | 形 | 壊滅的な |
| slowdown | 名 | 景気後退 |
| release | 動 | 公表する、発表する |

**訳**

中国で急上昇する若者の失業率は、世界第2位の経済が壊滅的な景気後退に向かっているという恐怖を高めている。そうした状況に対し、中国政府はある解決策を考えついた。具体的には失業率の数字を公表しないということである。

まず記事の冒頭に、「中国の若者の失業率が急上昇したレベルにあること（China's soaring levels of youth unemployment）」が「恐怖を高めた（heightened fears）」と書かれています。

では、どんな「恐怖を高めた」のかといいますと、それについてはそのすぐ後に、「世界第2位の経済は壊滅的な景気後退に向かっていること（the world's second-largest economy is heading for a crippling slowdown）」とあります。

中国社会の安定はつねに経済が今日よりも明日の方がよ

くなることを前提にして運営されてきましたので、その前提が崩れると中国共産党の正統性が疑問視され、社会の不安定化が加速する恐れがあります。

そんななかでも、特に若者の失業率悪化や経済状況の悪化は若者の過激化を招きかねず、中国政府としては何としてもその事実を知らせたくないという事情があります。

記事は次にそうした状況を受けて、「中国政府はある解決策を考え出した（Beijing has come up with a solution）」と述べています。

では、その解決策とは何だったのでしょうか。それについてはコロン以下に具体的に書かれています。すなわち、それは「中国政府は失業率の数字の公表をやめる（**It will stop releasing the numbers**）」ことだったと痛烈な皮肉を放っています。

つまり、中国政府の解決策というのは「問題を前向きに解決する」のではなく、「若者の失業率が非常に高いという事実を隠す」ことだったのです。

なお、ここでBeijingと首都名が出てきていますが、ニュース英語では首都名によってその国の政府を表すことがよくあります。たとえば、アメリカ政府であればWashingtonですし、日本政府であればTokyoという言い方になるわけです。

## 冷静な判断を妨げるペンスの野望

　次にご紹介するのは トランプ政権で副大統領を務めた マイク・ペンスについての記事です。これまで見てきた記事でもご紹介しましたように、ペンスはトランプと袂を分かち2024年の大統領選にも立候補しました（最終的には大統領選から離脱しました）。

　ペンスは副大統領に就任するまでに下院議員やインディアナ州知事を務めるなど、大統領になるにふさわしい経歴の持ち主ではありますが、トランプと対立したこともあり共和党員からも支持が少なく、現実的に考えれば大統領になれる可能性はほとんどありませんでした。

　そんなペンスがどうして大統領選に出馬したのでしょうか。記事はペンスのそんな判断を痛烈に揶揄しています。

Pence is a photo negative image of contemporary attractiveness, simultaneously repelling Republicans, Democrats and independents. **In his bewildering belief that he might become president, he demonstrates the power of ambition to cloud the mind of even the most experienced politician.**

(Washington Post, 2023/6/5)

### ●語注

| contemporary | 形 | 現代的な |
|---|---|---|
| attractiveness | 名 | 魅力 |

| | | |
|---|---|---|
| simultaneously | 副 | 同時に |
| repel | 動 | 寄せつけない、遠ざける |
| bewildering | 形 | 困惑させる |
| ambition | 名 | 野望 |
| cloud | 動 | 曇らせる |
| experienced | 形 | 経験豊かな |

訳 ────────────────────────

　ペンスは現代的な魅力とは正反対の人物で、共和党員、民主党員、無所属派すべてを同時に遠ざけてしまう。自分は大統領になれるかもしれないという人を当惑させるような彼の信念は、彼のような最も経験豊かな政治家の心さえも曇らせてしまう野望の力の大きさを証明している。

────────────────────────────


　記事は冒頭から痛烈にペンスのことを揶揄しています。具体的には、「ペンスは現代的な魅力とは正反対の人物である（Pence is a photo negative image of contemporary attractiveness）」と何とも容赦ない皮肉を放っています。

　そして、そんなペンスの魅力のなさは、彼が属する「共和党員だけでなく、民主党員、無所属派の人たちまで同時に遠ざける（simultaneously repelling Republicans, Democrats and independents）」ことになっていると記事は続けます。

　さらに、記事はペンスに追い討ちの皮肉の矢を放ちます。具体的には、「自分が大統領になれるかもしれないと

いう人を当惑させるような彼の信念（In his bewildering belief that he might become president）」と書くなど、ペンスの大統領選出馬は可能性のほとんどない正気を失った信念だと示唆しています。

そして、そうしたペンスの信念は彼のような「最も経験豊かな政治家の心さえをも曇らせてしまう野望の力の大きさを証明している（he demonstrates the power of ambition to cloud the mind of even the most experienced politician）」と、ほとんど勝ち目のない大統領選に出馬するペンスのそんな信念と判断を記事は痛烈に揶揄、皮肉っています。

## 特別なほど出来の悪かった
## アメリカ女子サッカーチーム

次にご紹介するのは、昨年の夏に開催されたサッカーの女子ワールドカップ大会についての記事です。この大会については、それまで女子サッカー界で無敵の強さを誇ったアメリカ女子チーム（USWNT）への期待が非常に高かったのですが、結局は思うような成績を挙げることができず、早々と敗退し帰国を余儀なくされてしまいました。

そうしたアメリカチームの「惨状」は多くの評論家やコメンテーターから激しく批判されることになりました。下記記事は、CNN等で辛口のコメンテーター、ジャーナリストとして活躍している英国人のピアース・モーガン（Piers Morgan）がニューヨーク・ポスト紙に寄稿したもの

です。

　モーガンは辛口の毒舌で有名な人物であるだけに、不甲斐ない試合しかできなかったアメリカ女子チームに対して、ここぞとばかりに非常に辛辣な言い方をしています。

For the first time in all nine Women's World Cups since the competition began in 1991, it crashed out in the last 16 knock-out stage, and that was after it had become the first USWNT team to earn fewer than six points in the group stage.

**So, Biden is right that this team is "something special," but only because it's uniquely bad.**

(New York Post, 2023/8/7)

## ●語注

| | | |
|---|---|---|
| competition | 名 | 競技、大会 |
| crash | 動 | 墜落する、崩壊する |
| earn | 動 | 得る、獲得する |
| uniquely | 副 | 他に例を見ないほどに |

## 訳

　女子サッカーワールドカップが1991年に始まって以来、過去9回の大会で初めてアメリカ代表チームはグループステージで勝ち残れず敗退したが、グループステージで6点以下しかゴールできなかった初のアメリカ代表チームでもあった。その意味では、このチームが「特別であった」

とバイデンが言ったことは正しい。しかし、「特別であった」のはこのチームが他に例を見ないほど悪かったからである。

---

　上記記事からも予想できますように、バイデン大統領は女子チームがグループステージの初戦で敗退したにもかかわらず、チームは "something special" だったとして彼女たちの健闘を讃える声明を出したのでした。

　そのように国を代表するチームの健闘を讃える声明を出すことは、国家元首としての大統領としては当然のことであり、また礼儀でもあります。しかし、そうした大統領として当然の礼儀を、そのままに放っておかないのがジャーナリストというものです。

　この記事でもモーガンはそうしたバイデン大統領の発言を逆手に取り、Biden is right that this team is "something special," but only because it's uniquely bad（このチームは「特別であった」とバイデンが言ったことは正しい。しかし、「特別であった」のはこのチームが他に例を見ないほど悪かったからである）と、何とも痛烈な皮肉を飛ばしています。

　ここまでの辛辣な皮肉や揶揄は日本人はあまり好まないということもあり、日本の主要新聞ではほとんど見ることはできませんが、これまで見てきましたように、欧米の主要紙においてはむしろ当たり前のことのように出てきますし、読者もこのような痛烈な皮肉や揶揄がきいた記事の方を好む傾向にあります。そうした皮肉や揶揄を通して権力

者や有力者を監視し批判することが、国民の多くが真っ当であると考えるジャーナリズムなのです。


## ジョン・ケリーのオナラ

　次にご紹介するのは、アメリカの大物政治家であるジョン・ケリーに関するまさに「抱腹絶倒の（hilarious）」記事です。

　ケリーは民主党の元大統領候補であり、オバマ政権のときには国務長官を務めています。また現在は、バイデン政権で気候変動担当大使を務めるなど、今なおアメリカ政界の重鎮として重きをなしています。

　そんなケリーは、2023年12月にドバイで開催された気候変動会議COP28にアメリカ政府代表として参加したのですが、会議中に行われた討論会の席上、なんとオナラをしてしまい、不幸なことにその音がマイクを通じて聞こえてしまったのでした。

　気候変動会議の主目的はいかにして地球温暖化ガスの排出を削減するかということですが、その中心的な役割を果たさなければならないアメリカ政府の代表ともあろう人間が、自分自身の余計な「ガス排出（emissions）」を国際会議の場でしてしまったのでした。

　このようなアメリカ政府にとって極めて困惑すべき事態が起こってしまったことについて、次のニューヨーク・ポ

ストの記事は冒頭から、ケリーに対して大変辛辣な皮肉を
浴びせかけています。

**John Kerry might need to cut back on his own emissions.** The Biden administration's climate envoy was discussing US policy on coal power plants at the Climate Change Conference in Dubai on Sunday when Kerry may have unleashed a burst of **wind energy**.（中略）

Before Kerry can complete his thought, the crude sound of **passing gas** can be heard over the microphone. The crowd breaks into applause, apparently oblivious to the crude theatrics.

CNN's Anderson – sitting to Kerry's right and within striking distance of a potential **bodily function** – quickly jerks her hand aside and inconspicuously places her hand to her mouth, possibly in the event of any stench permeating the climate panel.（中略）

Larry O'Connor of Townhall Media said Kerry's alleged **flatulence** was an embarrassment to the U.S.

"The biggest problem, during this entire exchange, representing us, the United States of America, he ripped a **fart** out," O'Connor said. He let loose with **flatulence** on an international stage."

(New York Post, 2023/12/4)

## ●語注

| | | |
|---|---|---|
| cut back on | 熟 | 減らす、削減する |
| emission | 名 | 排出 |
| envoy | 名 | 大使、使節 |
| unleash | 動 | 爆発させる、解き放つ |
| theatrics | 名 | 演劇、芝居がかった言動 |
| stench | 名 | 悪臭 |
| permeate | 動 | 浸透する、広がる |
| alleged | 形 | 断定された、疑わしい |
| flatulence | 名 | ガスが溜まること、腹部の膨張 |
| fart | 名 | オナラ |

## 訳

ジョン・ケリーは自分自身のガス排出を削減する必要があるかもしれない。バイデン政権の気候変動担当大使であるケリーは、日曜日にドバイで開催中の気候変動会議で石炭火力発電所に関する米国の政策について話をしているときに、風力エネルギーを爆発させたかもしれない。

（中略）

ケリーが自分の話を終える前に、発生するガスの下品な音がマイクを通して聞こえてきた。聴衆はその下品な芝居がかった音に無関心を装い、拍手喝采した。

CNNのアンダーソンはケリーの右側に座っており、ケリーの肉体的機能の攻撃を受ける潜在的な位置にいたが、彼女はすぐに手を動かして目立たないように手を口に持ってきた。おそらく、それはケリーの放った悪臭が気候変動に関する討論会の場に広がることに備えてのこと

だったと思われる。（中略）

タウンホール・メディアのラリー・オコナーはケリーの腹部にガスが溜まったことは米国を困惑させるものだったと語った。

また、彼は「最大の問題は、この全体の意見交換会でアメリカを代表するケリーがオナラをしたことである。彼は国際舞台で腹部に溜まったガスを解き放ったのだ」と語った。

---

　いかがでしたでしょうか。この記事では、何と言っても、冒頭のJohn Kerry might need to cut back on his own emissions（ケリーは自分自身の排出を削減する必要があるかもしれない）という一文がケリーへの非常に痛烈な皮肉の一撃となっています。

　また、この書き出しの一文は、その後にくる記事の内容に対する読者の興味を大いにそそる役割も果たしています。たしかにこの一文は面白そうではありますが、しかしこれだけではケリーが一体何をやらかしたのかまだよく分かりません。

　そこで、記事はこの文章に続いて、ケリーがどのような場面で放屁したのかをよりくわしく説明していきます。

　具体的には、「ドバイで開催された気候変動会議（Climate Change Conference in Dubai）」で、ケリーが「火力発電所に関するアメリカ政府の政策（US policy on coal power plants）」を話していたときに放屁してしまい、不幸

にもその音が「マイクを通じて聞こえてしまった（can be heard over the microphone）」というのです。

さらに記事は続けて、そのときケリーの右側に座っていたCNNのアンダーソンという人物が「即座に手を動かして、目立たないように口にかぶせるように持っていった（quickly jerks her hand aside and inconspicuously places her hand to her mouth）」と書いています。

そして最後に、ラリー・オコナーというジャーナリストを登場させてコメントさせています。「ケリーの腹部にガスが溜まったことはアメリカを困惑させるものであった（Kerry's alleged flatulence was an embarrassment to the U. S.）」としたうえで、「最大の問題はアメリカ政府を代表するケリーが国際舞台においてオナラをしたということだ（The biggest problem, during this entire exchange, representing us, the United States of America, he ripped a fart out. He let loose with flatulence on an international stage）」と語らせています。

このような下卑た内容の記事は日本の新聞にはまず出ないでしょうし、また「良い子ちゃん英語」を中心としたニューヨーク・タイムズやワシントン・ポストのようなアメリカのmain stream mediaでもなかなかお目にかかれない類のものです。

その意味では、この記事が掲載されたニューヨーク・ポストのように一般庶民が読む大衆紙を読むことは内容的にも英語表現的にも大変有益であり、英語好きの方にはぜひ読むことをお勧めしたいと思います。

なお、このニュース記事には英語表現として注目していただきたいことがあります。それは、太字にした、emissions, wind energy, passing gas, bodily function, flatulence, fart がどれもオナラの言い換え表現になっていることです。

　ニュース英語におけるこうした言い換えの妙については、前著『「ニュース英語」の読み方』の第5章でも詳述していますので、ぜひご参考にしていただければと思います。


## ニューヨーク以外の都市はみんなクズ

　本章もこれでいよいよ最後となりました。本章の有終の美を飾る意味でも、最後にとっておきの記事をご紹介したいと思います。ニュース英語記事に特有の辛辣な風刺や皮肉に満ちた記事として、これ以上のものはなかなか出てこないと思われる「優れもの」です。

　記事の内容は、USニューズ＆ワールドレポートが全米100都市を生活費や生活の質の面などでランキングしたところ、ニューヨークが何と100都市中96位という極端に低いランクになってしまったことに触発されて、全米の他の主要都市をこれでもかと皮肉っている記事です。

US News and World Report recently analyzed 100 American cities and found New York City to be 96th based on cost of living, the job market and general quality of life. （中略）

There seems to be a study or poll like this every other day that attempts to prove you'd be crazy for moving to New York City – and nuts to stay if you already live there. And yet, each year, the population of New York increases as new people arrive and most of the old people don't go anywhere.

The inferiority complex that fuels these anti-NYC "studies" is proof enough that they live in what is still the greatest city in the world. （中略）

Seattle has coffee. Chicago has something they call pizza, though it's unclear why. Detroit has hot dogs and all the excitement of a post-apocalyptic urban wasteland. Nobody writes "goodbye to all that" tracts when they leave Milwaukee because, well, it's Milwaukee, of course you're leaving. （中略）

No child grows up in some podunk town dreaming of the day they'll make it to San Francisco or Portland. If you tell kids they'll end up in Washington, DC, they'll wonder what they did wrong.

(New York Post, 2016/3/6)

●語注

| analyze | 動 | 分析する |

| cost of living | 名 | 生活費 |
| inferiority complex | 名 | 劣等感 |
| fuel | 動 | 火をつける |
| proof | 名 | 証明 |
| apocalyptic | 形 | 黙示録的な、世界終末論的な |
| wasteland | 名 | 荒地、荒廃した土地 |
| podunk | 名 | 名もない田舎町 |
| tract | 名 | 小冊子、パンフレット |

## 訳

　USニューズ＆ワールドレポートは最近全米100都市を分析した結果、生活費、労働市場、全般的な生活の質に関してニューヨークは100都市の中で96位であった。（中略）ニューヨークに移り住むのは気が狂っている――ましてやすでにそこに住んでいてそのまま住み続けようとするのは狂気の沙汰である――ことを証明しようとするこうした研究や調査は1日おきに発表されているように思われる。しかし、それでも、ニューヨークには常に新しい人がやってきて、古くから住んでいるほとんどの人はどこにも行ったりしないので、ニューヨークの人口は増えている。こうしたアンチ・ニューヨーク「研究」に火をつけている劣等感は、ニューヨーカーが依然として世界で最も偉大な都市に住んでいるという十分な証拠になっている。（中略）

たしかにシアトルにはコーヒーがあり、シカゴにはなぜだかその理由は分からないが彼らがピザと呼ぶものがある。またデトロイトにはホットドッグがあり、黙示録の

あとの都市の荒廃を思わせるようなすべての刺激がある。また、人がミルウォーキーを去るとしても、「すべてのものにさようならを言おう」などという小冊子を誰も書いたりはしない。というのも、去るのは所詮ミルウォーキーだからで、もちろん人はそんな都市からは何の未練もなく去っていくのである。（中略）

名もなき田舎町で育った子どもがいつの日かサンフランシスコやポートランドに行って住むことを夢見ることなどない。もし子どもたちに将来はワシントンに行くことになるだろうと言うなら、自分は何か悪いことをしたのだろうかと子どもたちは思うだろう。

では、記事を見ていくことにしましょう。記事では冒頭で、「USニューズ＆ワールドレポートが最近全米100都市を分析した結果、生活費、労働市場、全般的な生活の質に関して、ニューヨークは全米100都市の中で96位であった（US News and World Report recently analyzed 100 American cities and found New York City to be 96th based on cost of living, the job market and general quality of life）」と衝撃的な調査結果について書いています。

たしかに、ニューヨークは他都市と比べて物価が高く、治安も決してよくないなど多くの問題を抱えていますが、それにしても100都市中96位というのは少し低すぎるような感じがします。

ましてや、この記事を書いた記者のようなニューヨーカーにとっては、「いい加減にしろ」という感じだったの

ではないかと思います。おそらく、記者はそうした「アンチ・ニューヨーク」感情に反発する気持ちからこの記事を書いたのではないかと思いますが、他の都市について何とも痛烈な皮肉を飛ばしています。

　記事は続けます。「ニューヨークに移り住むのは気が狂っている——ましてや、すでにそこに住んでいてそのまま住み続けようとするのは狂気の沙汰である——ことを証明しようとするこうした研究や調査は1日おきに発表されているように思われる（There seems to be a study or poll like this every other day that attempts to prove you'd be crazy for moving to New York City – and nuts to stay if you already live there）」と、記事はこれらの調査や研究では、いかに「アンチ・ニューヨーク」感情が強いかについて示唆しています。

　なお語法面では、ここでも、まずcrazyという形容詞を出し、そのあとでnutsという同じ意味の語に言い換えていることに留意していただきたいと思います。

　記事に戻りましょう。以上見てきましたように、「アンチ・ニューヨーク」感情は非常に強いのですが、「しかしそれでも、ニューヨークには常に新しい人がやってきて、古くから住んでいるほとんどの人はどこにも行ったりしないので、ニューヨークの人口は増えている（And yet, each year, the population of New York increases as new people arrive and most of the old people don't go anywhere）」と記者は反論しています。

そして、記事は「そのようなアンチ・ニューヨーク『研究』に火をつけている劣等感は、ニューヨーカーが依然として世界で最も偉大な都市に住んでいるという十分な証拠になっている（The inferiority complex that fuels these anti-NYC "studies" is proof enough that they live in what is still the greatest city in the world）」と追い討ちをかけています。

　つまり、こうした「アンチ・ニューヨーク」感情が非常に強いということ自体が、ニューヨークが世界一の都市であることを逆説的に証明することになっているというわけです。

　また、文章の中でanti-NYC "studies" とstudiesに引用符がふられていることにもご注意いただきたいと思います。

　では、なぜstudiesに引用符がついているのかといいますと、そのようにstudies（研究）と称していても、実際には「アンチ・ニューヨーク」感情に駆られて行ったものにすぎないという皮肉を引用符に込めているからです。

　しかし、こんな皮肉はまだ序の口です。ここから記事は具体的な都市名を出して、本格的な皮肉攻撃に打って出ます。

　記事は続けます。「たしかにシアトルにはコーヒーがあり、シカゴにはなぜだかその理由は分からないが彼らがピザと呼ぶものがある（Seattle has coffee. Chicago has something they call pizza, though it's unclear why）」。スターバックスがシアトル発であるようにシアトルがコーヒーで有名であることは日本でもよく知られています。しかし、シカ

ゴがピザで有名なことはあまり日本では知られていないかもしれません。ピザの種類としては厚みのあるChicago-style pizzaとthin crustが主流のNew York-style pizzaの2つがライバル関係にあり、この文章も「シカゴにはなぜだか分からないが彼らがピザと呼ぶものがある」とChicago style pizzaを痛烈に揶揄しているわけです。

　さらに記事は、そのほかの都市に対しても容赦なく揶揄します。具体的には、「デトロイトにはホットドッグがあり、黙示録のあとの都市の荒廃を思わせるようなすべての刺激がある（Detroit has hot dogs and all the excitement of a post-apocalyptic urban wasteland）」と痛烈に皮肉っています。

　さらに、同じ中西部の都市であるミルウォーキーについても、「人がミルウォーキーを去るとしても、『すべてのものにさようならを言おう』などという小冊子を誰も書いたりはしない。というのも、去るのは所詮ミルウォーキーだからであり、もちろん人はそんな都市からは何の未練もなく去っていくのである（Nobody writes "goodbye to all that" tracts when they leave Milwaukee because, well, it's Milwaukee, of course you're leaving）」と容赦ない皮肉を浴びせかけています。

　これだけ他都市のことを揶揄すればもう十分だと思うのですが、記事はまだしつこく他の都市に対しても皮肉の矢を浴びせかけます。

　記事が標的にしたのは西海岸のサンフランシスコとポー

トランドという2都市です。この両都市について何と書いているかといいますと、「名もなき田舎町で育った子どもがいつの日かサンフランシスコやポートランドに行って住むことを夢見ることなどない（**No child grows up in some podunk town dreaming of the day they'll make it to San Francisco or Portland**）」と、これまた痛烈な皮肉を飛ばしています。

なお、この中でpodunkという語が出てきますが、これは「退屈で活気のない無名の田舎町」という意味の語で、もともとはインディアンのアルゴンキン族の言葉で「沼地」を意味する語に由来するのではないかといわれています。実際、ニューヨーク州にはPodunkという名の町があるようですが、一般のアメリカ人はそんなこととは無関係に「podunk＝無名の田舎町」という意味で理解しています。

少し脱線しましたので、記事に戻りましょう。記事はこれまで見てきましたように、多くの主要都市を痛烈に皮肉ってきましたが、その締めくくりとして、首都のワシントンを取り上げて次のように揶揄しています。
「もし子どもに将来はワシントンに行くことになるだろうと言うなら、自分は何か悪いことをしたのだろうかと子どもたちは思うだろう（**If you tell kids they'll end up in Washington, DC, they'll wonder what they did wrong**）」。

いやはや、何とも凄まじい皮肉の嵐です。日本の主要新聞は言うまでもなく、週刊誌などの雑誌であっても、ここまでの皮肉や揶揄に満ちた記事を掲載することはまずあり

ません。

　そのため、日本の読者にはこうした皮肉に満ちた記事に対する耐性があまりなく、ニュース英語に特有のこうした記事を読むと、最初のうちはいささか戸惑うかもしれません。

　でも、ニュース英語記事を数多く読んでいくうちに、こうした皮肉や揶揄に満ちた記事がいかに多く、当たり前のものであるかということにお気づきになると思います。

第 5 章

絶妙な形容詞の使い方

私が長年ニュース英語を読んできて強く感じることの一つに、**記事で使われる形容詞が非常に絶妙で、記事の内容を鮮明にイメージさせてくれる**ということがあります。

　新聞や雑誌に毎日掲載されるニュース記事はそれこそ無数にありますので、読者に読んでもらうためには記者は文章表現上のいろんなレトリックを駆使する必要があります。そうでなければ、つまらない文章は誰も読んでくれなくなり、ひいてはその記者の評価にもかかわってくるからです。

　ニュース記事におけるそんな**文章表現上のレトリックとして極めて重要な役割を果たしているのが形容詞**です。ある状況を説明するのにどんな形容詞を使うかによって、どれほど鮮明にその状況が伝わるか大いに違ってきます。そのため、ニュース英語の記者たちは今書いている状況を説明する、あるいは伝えるのにどんな形容詞を使うかを懸命に考えるわけです。

　一流の記者たちがそのように懸命に考えて思いついた形容詞がつまらないはずがありません。それら**ニュース英語に出てくる形容詞は私たちが見習うべきものばかりで、英文を書くときはもちろんのこと、会話においても非常に役立ちます**。今後みなさんがニュース英語をお読みになるときには、記事の中でどんな形容詞が使われているかということにぜひ注目していただきたいと思います。

## 中国経済のmeteoric growth

　それでは、絶妙な形容詞が使われている記事をご紹介していくことにしましょう。
　最初にご紹介するのは、内憂外患状況にある中国に関する記事です。

> On a host of fronts, China's domineering leader seems to be fighting fires. Abroad, President Xi Jinping is confronted by a hardening consensus against Beijing in the West, as well as ever-present friction with regional powers and neighbors. At home, Xi presides over a hinge moment for the Chinese economy. Its **meteoric growth** has slowed, a brief post-pandemic surge petered out, analysts point to profound structural issues undermining China's future prospects.
>
> (Washington Post, 2023/9/5)

●語注

| | | |
|---|---|---|
| a host of | 熟 | 多数の |
| domineering | 形 | 暴君的な、傲慢な |
| confront | 動 | 直面する |
| friction | 名 | 摩擦 |
| preside over | 熟 | 取り仕切る |
| hinge | 形 | 重要な |
| surge | 名 | （景気）上昇 |

| peter out | 熟 | 次第に弱くなる、衰える |
| profound | 形 | 深刻な |
| structural | 形 | 構造的な |
| undermine | 動 | 弱体化させる、台なしにする |
| prospect | 名 | 見通し |

訳 ————————————————————————

多くの面において、中国の暴君的指導者は火消しに躍起になっているようである。海外では、習近平主席は絶えず存在する地域の近隣諸国との摩擦だけでなく、西洋諸国において中国に対する硬化する意見の一致という状況にも直面している。また、国内においても、習近平は中国経済の重要な局面に立ち向かっている。中国経済の華々しい成長は鈍化し、パンデミック後の短い景気上昇も衰え、アナリストたちは中国の将来見通しを弱体化させる深刻な構造的問題を指摘している。

————————————————————————————

　それでは記事を見ていきましょう。記事ではまず、「多くの面で中国の暴君的な指導者が火消しに躍起になっている（On a host of fronts, China's domineering leader seems to be fighting fires）」としています。なお、ここで「中国の暴君的な指導者」と言っているのは言うまでもなく、習近平主席（President Xi）のことです。

　記事ではその次に、習近平が具体的にどのような難局に直面しているのかということについて、海外、国内に分け

て書いていきます。まず、「外国においては、習主席は西洋諸国において中国に対する硬化する意見の一致に直面している（President Xi Jinping is confronted by a hardening consensus against Beijing in the West）」と述べています。

　しかし、習が外国で直面する問題は西洋諸国だけではありません。記事は続けて、習は「絶えず存在する地域の近隣諸国との摩擦も（as well as ever-present friction with regional powers and neighbors）」抱えていると指摘しています。さらに、「国内においても、習は中国経済の重要な局面に立ち向かっている（Xi presides over a hinge moment for the Chinese economy）」としています。

　なお、ここでpreside overという表現が使われていますが、語注にも書きましたように、これは「取り仕切る」というのが基本義で、そこから「対処する」「立ち向かう」という意味が派生します。

　また、**hinge moment**という表現も出てきますが、これは日本の辞書にはまだあまり出ていないと思います。これはan event or moment that is pivotal or crucial（重要な瞬間、局面）という意味で、口語ではよく使われます。

　では、習が国内で直面するhinge momentとは具体的に中国経済のどんな状況を指しているのでしょうか。それについて記事は、「中国経済の華々しい成長は鈍化し、パンデミック後の短い景気上昇も衰え、アナリストたちは中国の将来見通しを弱体化させる深刻な構造的問題を指摘している（Its **meteoric growth** has slowed, a brief post-pandemic surge petered out, analysts point to profound structural issues undermining China's future prospects）」とし、習が経済を中心に大きな難題に直面していることを伝えています。

さて、本章の主題である形容詞の妙という点で注目していただきたいのは、太字にした**meteoric growth**という部分です。

meteoricはmeteor（流星、隕石）の形容詞で、流星のように「華々しい」という意味です。また、meteoricには「一時的な」という意味もありますので、中国経済のように「華々しく」成長した一方、その持続期間については「一時的」になる可能性があるものを表現するにはまさに絶妙の形容詞だといえるでしょう。

## abysmal stateにある米中関係

次にご紹介するのも中国関連の記事ですが、特に米中関係に焦点を当てたものです。

米中関係については近年しばらく悪い状態が続いていますが、中国の傲慢で権威主義的な外交方針により、米国や日本だけでなく、最近はEU諸国からも強い反発を受けるなど、「ならず者」国家的な様相を呈しています。

下記の記事では、そうした中国側の傲慢、無反省で一方的な態度がよく表現されています。記事をお読みいただくに当たっては、太字にした部分の形容詞の使い方をよく味わっていただければと思います。

China's foreign minister, Qin Gang, warned Blinken that he should "show respect" during a pre-trip phone call, and made clear his view that Washington alone was responsible for the **abysmal state** of relations.（中略）

When asked about Blinken's **frosty welcome** from Chinese officials, a senior State Department official said the secretary is "well aware of the current state of the bilateral relationship" and underscored that both sides would be "candid" in expressing their concerns.

(Washington Post, 2023/6/17)

## ●語注

| | | |
|---|---|---|
| warn | 動 | 警告する |
| abysmal | 形 | 非常に悪い、ひどい |
| bilateral | 形 | 両国間の |
| underscore | 動 | 強調する |
| concern | 名 | 懸念、心配事 |

## 訳

中国の外相である秦剛は会談前の電話の中で、ブリンケンに中国に対しては「尊敬の念を示す」べきであると警告し、現在両国が非常に悪い関係にあるのはいつにかかって米国政府の責任であるという見解を明確にした。

またブリンケンが中国側から冷たい歓迎を受けたことを質問されたとき、国務省の高官は「ブリンケン長官は両

国関係の現状をよく認識して」おり、両国が自国の懸念
事項を正直に表明することの意義を強調したと述べた。

---

　この記事は、米国のブリンケン国務長官が関係改善を模
索するために中国を訪問したことに関するものです。その
訪問の前にブリンケン国務長官は、中国の秦剛外相と「事
前に電話会談（pre-trip phone call）」を行っています。
　記事ではまずそのときのことについて、「中国の外相で
ある秦剛は会談前の電話会談でブリンケンに中国に対して
は『尊敬の念を表す』べきであると警告した（China's for-
eign minister, Qin Gang, warned Blinken that he should "show
respect" during a pre-trip phone call)」と伝えています。

　いやはや何とも、中国の態度は高圧的です。しかし、秦
剛外相の高圧的な態度はそれだけでは終わらなかったので
す。
　記事は続けて、「米中関係が現在非常に悪い状態にある
のはいつにかかって米国政府の責任であるという見解を明
確にした（made clear his view that Washington alone was re-
sponsible for the **abysmal state** of relations)」のでした。

　さて、ここで注目していただきたいのは太字にした
**abysmal state**という表現です。
　abysmalはabyss（奈落の底）の形容詞で、基本的には「深
くて底知れない」という意味ですが、そこから派生して
「非常に悪い」という意味として使われています。

日本人学習者の場合は、「非常に悪い」という意味なら
すぐにvery badやterribleといった形容詞を思い浮かべがち
ですが、そうした形容詞は間違いではないにしても多少幼
児的な響きがあり、大人が文章で使うものとしてはあまり
ふさわしくありません。

　記事にはまだ続きがありますので戻りましょう。さて、
ブリンケン国務長官は記事の前半に出てきた事前の電話会
談のあと、実際に北京を訪問することになるのですが、そ
こでブリンケン長官はどんな扱いを受けたのでしょうか。
　記事はそれについて、「ブリンケンが中国政府の高官た
ちから受けた凍るような歓迎（Blinken's **frosty welcome**
from Chinese officials）と評しています。**frosty welcome**と
はなかなか気の利いた表現であり、その雰囲気がよく伝
わってきます。

　そして、そうしたブリンケンが受けた「凍るような歓
迎」について質問された国務省の高官は、ブリンケンは
「両国関係の現状をよく認識しており、両国が自国の懸念
事項を正直に表明することの意義を強調した（well aware
of the current state of the bilateral relationship and underscored
that both sides would be candid in expressing their concerns）」
と述べたと伝えています。

## メッシのabsurd brilliance

　次にご紹介するのは2022年12月にカタールで開催された
たサッカーのワールドカップにおけるアルゼンチンのメッ
シ選手の活躍についての記事です。

　この大会ではメッシの活躍もあってアルゼンチンがフラ
ンスをPK戦で破って優勝し、またメッシ自身も大会の最
優秀選手に選ばれました。

　そんなメッシの活躍ぶりについて、この記事ではどのよ
うな形容詞を使って表現しているかに注意しながら読んで
みてください。日本人にはなかなか出てこないような形容
詞の使い方をしています。

Though there is no doubt that, at 35 years of age, Messi is
slowing down his near-superhuman powers beginning to
diminish, there have been several moments at this World
Cup of **absurd, magical brilliance** that fans have been ac-
customed to seeing over the years.

(CNN, 2022/12/18)

●**語注**

| | | |
|---|---|---|
| diminish | 動 | 減少する、衰える |
| absurd | 形 | ばかげた |
| brilliance | 名 | 輝き、優れた技能 |
| accustom | 動 | 慣れさせる |

190

　35歳のメッシのそのほとんど超人的な力が衰えはじめ減
　速していることは疑いのないことであるが、彼のファン
　が長年慣れ親しんで見てきた彼のばかげた、魔法のよう
　な優れた技能が発揮されるいくつかの瞬間がこのワール
　ドカップでも見られた。

———————————————————————————————————

　ご紹介したニュース記事は途中にピリオドのない一文で
すが、その長さを感じさせない非常に引き締まった良い英
文になっています。
　記事は前半で、「35歳のメッシのそのほとんど超人的な
力が衰えはじめ減速していることは疑いない（there is no
doubt that, at age 35 years of age, Messi is slowing down his
near-superhuman powers beginning to diminish）」と述べ、
メッシが往年の全盛期に比べると、体力的、能力的に落ち
はじめていることを指摘しています。

　しかし、文章の冒頭に逆接の接続詞であるThoughがあ
りますので、記事の後半は前半の内容とは反対のものにな
ることが暗示されています。
　言い換えると、上記のとおり、記事の前半ではメッシも
年齢的な理由で往年に比べると能力が衰えはじめていると
示唆していますので、記事の後半ではそれとは逆に、能力
の衰えは見えはじめたにしてもメッシは大活躍したという
内容になっていることが予想されるわけです。

では、記事では今大会におけるメッシの活躍についてどのように書いているのでしょうか。記事ではまず、「今回のワールドカップではいくつかの瞬間があった（there have been several moments at this World Cup）」としています。

　それはどんな瞬間であったのかといいますと、その後に of absurd, magical brillianceとあることから、ここはseveral moments of absurd, magical brillianceという文構造で、その間にあるat this World Cupは挿入句になっていることが分かります。

　つまり、記事はメッシの今大会における活躍について「ばかげた、魔法のような優れた技能（**absurd, magical brilliance**）」と激賞しているわけです。

　ここで注目していただきたいのは、メッシの活躍を表現するために使われているabsurd（愚かな）とmagical（魔法のような）という2つの形容詞です。

　このうちmagicalについてはそれが肯定的な意味であることはすぐお分かりだと思いますが、absurdがここで使われているのを疑問に感じられた方がいらっしゃるかもしれません。

　実際、absurdはほとんどの場合、否定的な意味で使われるのですが、ここでは「**ばかばかしくなるほど素晴らしい**」という反語的な意味で使われているのです。

　こうした形容詞の反語的使い方はニュース英語ではよくみられるレトリックの1つで、正統派の英語だけ読んでいてはなかなか勉強できないものです。

# メッシのludicrous abilities

　前項ではワールドカップにおけるメッシの活躍をabsurd brillianceと表現するなど、日本人にはなかなか思いつかない形容詞の反語的使い方を見ました。

　ここでは同じメッシの活躍を表現するのに、前記記事とは違った形容詞を使っています。

For all his **remarkable, ludicrous abilities**, penalties are perhaps the one major part of the game that Messi has struggled with over the years, missing several on huge occasions.

That had no impact on his confidence, however, as he stepped up and nonchalantly rolled the ball into the corner, sending Hugo Lloris the wrong way.

(CNN, 2022/12/18)

●語注

| | | |
|---|---|---|
| ludicrous | 形 | ばかげた、滑稽な |
| struggle | 動 | 悪戦苦闘する、もがく |
| occasion | 名 | 場面 |
| confidence | 名 | 自信 |
| nonchalantly | 副 | 無頓着に、平然と |

訳 ───────────

　メッシの傑出した、ばかげたような能力にもかかわらず、

ペナルティーキックはおそらく彼が長年悪戦苦闘してき
た一つの主要な部分であり、実際、彼は重要な場面でペ
ナルティーキックをいくつか外してきたのである。
しかし、今回そんなことは彼の自信にまったく影響を与
えなかった。彼はキックする場所に歩み寄り、無造作に
ボールをゴールのコーナーに蹴り込む一方、キーパーの
ウーゴ・ロリスはボールの反対側に動いた。

---

　この記事の冒頭の部分には、メッシのサッカー選手とし
ての能力を表現する形容詞が使われています。すなわち、
「彼の傑出し、ばかげたほどの能力にもかかわらず（For
all his remarkable, ludicrous abilities）」と、ここでも先ほど
のニュース記事と同じく、メッシの能力を表現するのに
ludicrous（ばかげた）という通常は否定的な意味で使われ
る形容詞が反語的な意味で使われています。

　また、ここでもう1つ注目していただきたいことがあり
ます。それは、前記記事と同じように、この記事でも "〜
にもかかわらず" という意味のFor all hisという逆接の前置
詞が使われていることです。
　つまり、その後にくる文章の内容はメッシの並外れた能
力とは反対の、ある意味メッシの欠点の指摘になることを
示唆しているわけです。

　実際、その後を読んでみますと、「ペナルティーキック
はおそらく彼が長年悪戦苦闘してきた1つの主要な部分で

あり、これまでも彼は重要な場面でいくつか外してきた（penalties are perhaps the one major part of the game that Messi has struggled with over the years, missing several on huge occasions）」と、メッシがペナルティーキックだけは苦手にしてきたことを伝えています。

　しかし、そのようにメッシはペナルティーキックを苦手としているにもかかわらず、今大会のフランスとの決勝戦におけるPK合戦では、「そうした過去が彼の自信に影響を与えることはまったくなく（That had no impact on his confidence）」、「彼はキックする場所に歩み寄り、無造作にボールをゴールのコーナーに蹴り込む一方、キーパーのウーゴ・ロリスはボールの反対側に動いた（as he stepped up and nonchalantly rolled the ball into the corner, sending Hugo Lloris the wrong way）」と、メッシが冷静にペナルティーキックを決めたことを伝えています。

## lethargicなフランスチーム

　次にご紹介するのも、先ほどと同じく2022年ワールドカップにおけるアルゼンチンとフランスの決勝戦に関する記事です。
　ご記憶の方も多いと思いますが、この試合ではアルゼンチンがメッシやディマリアらの活躍によって前半にゴールを決め、残り10分で勝てるという状況まで行きました。

しかし、そこに現れたのがフランスのエースであるエンバペでした。エンバペが最後に奇跡的な活躍をして延長戦に持ち込んだのでした。

　ただ、エンバペが活躍するまでのフランスの戦いぶりはお世辞にもほめられたものではありませんでした。それを記事ではどのような形容詞を使って表現しているかじっくり味わってください。

With first-half goals from Messi and Angel Di Maria, Argentina was 10 minutes from a victory over a **lethargic France** when Kylian Mbappe single-handedly revived the defending champions. He scored twice in 90 seconds to force extra time.

(USA TODAY, 2022/12/18)

## ●語注

| | | |
|---|---|---|
| lethargic | 形 | 不活発な、無気力な |
| single-handedly | 副 | 独力で、単独で |
| revive | 動 | 復活させる、蘇生させる |
| force | 動 | 強いる、余儀なくさせる |

## 訳

　前半でメッシとアンヘル・ディマリアがゴールを決めたことによって、アルゼンチンはあと10分で不活発なフランスに勝利を収めるまでの段階に立ったが、そのとき、キリアン・エンバペが単独でディフェンディング・チャ

ンピオンのフランスを復活させた。彼は90秒のうちに2回
ゴールを決め、試合を延長戦に持ち込んだ。

---

　記事ではまず、「前半戦におけるメッシとアンヘル・ディ
マリア2人のゴールによって（With first-half goals from
Messi and Angel Di Maria）」、アルゼンチンが「不活発な
フランスに勝利するまであと10分というところまで行っ
た（Argentina was 10 minutes from a victory over a **lethargic
France**）」と伝えています。
　ここで注目していただきたいのは、前半戦であまり調子
のよくなかったフランスのことを**lethargic**という形容詞を
使って表現していることです。
　語注にも書きましたように、lethargicは「不活発な」と
か「無気力な」という意味で、スポーツチームの状況を表
現する形容詞としてはなかなか日本人には思いつきません
が、ここではフランスチームの状況が悪かったことを非常
にビビッドに伝える役目を果たしています。まさにニュー
ス英語ならではの絶妙な形容詞の使い方だといえるでしょ
う。

　では、調子の悪かったそんなフランスチームを蘇らせた
のは何だったのでしょうか。それについては、その後の
when以下に書かれています。
　具体的には、「キリアン・エンバペが独力でディフェン
ディング・チャンピオンのフランスを蘇らせた（Kylian
Mbappe single-handedly revived the defending champions）」

のでした。

　そして、そのあと記事はより具体的に、エンバペがどのようにしてフランスチームを蘇らせたのかについて書いています。

　すなわち、「エンバペは90秒のうちに2回ゴールを決め、試合を延長戦に持ち込んだ（He scored twice in 90 seconds to force extra time）」のでした。

## ploddingな前半戦とrivetingな後半戦

　2022年のカタールワールドカップで何といっても忘れられないのは、日本が格上のスペイン、ドイツに歴史的勝利を収めたことです。

　次にご紹介するのはそのドイツ戦に勝利したときの日本チームに関するワシントン・ポストの記事です。前半と後半では試合の面白さがまったく違ったことが、使われている形容詞からも分かります。

Japan's 2-1 win over Germany from a 1-0 deficit did not match the **far-fetched wonder** of Saudi Arabia's 2-1 win over Argentina on Tuesday, but it did lend the World Cup another darling. It happened after **a plodding first half** gave way to **a riveting second**, the matter decided with **booming goals** on 75 minutes and 83 minutes by Ritsu

Doan and Takuma Asano.

(Washington Post, 2022/11/23)

## ●語注

| far-fetched | 形 | ありそうもない、信じ難い |
| darling | 名 | お気に入りの人、寵児 |
| plodding | 形 | 動きが遅い、緊張感のない |
| give way to | 熟 | ～にとって代わられる、に移行する |
| riveting | 形 | 素晴らしい、心を釘づけにするような |
| booming | 形 | とどろきわたる |

## 訳

日本が1対0から逆転して2対1でドイツに勝利したことは、火曜日にサウジアラビアが2対1でアルゼンチンに信じられないような驚きの勝利を収めたことには匹敵しない。しかし、その勝利は今回のワールドカップにもう1つのお気に入りチームを生み出すことになった。試合の前半は動きが鈍く緊張感がなかったが、後半は一転して釘づけになるような素晴らしい試合となり、75分の堂安律と83分の浅野拓磨の唸りを上げるゴールによって試合は決した。

日本チームはグループ予選を突破してベスト16に残ったあとクロアチアに敗れましたが、スペイン、ドイツを

破って予選グループを突破できると思っていた人はそう多くはなかったでしょう。

そんな日本チームを勢いづけることになったのが、初戦のドイツ戦で勝利したことでした。記事ではまずその試合について、「日本が1対0から逆転してドイツに勝利したこと（Japan's 2-1 win over Germany from a 1-0 deficit）」は、「火曜日にサウジアラビアが2対1でアルゼンチンに信じられないような驚きの勝利を収めたことには匹敵しない（did not match the **far-fetched wonder** of Saudi Arabia's 2-1 win over Argentina on Tuesday）」と書いています。

そのように一応の留保をつけておいたうえで、記事は続けて、「その試合はワールドカップのもう1つのお気に入りのチームを生み出すことになった（it did lend the World Cup another darling）」と日本チームのことを讃えています。

ここまでの文章の中で、形容詞の使い方としてここで注目いただきたいのは**far-fetched wonder**という表現です。

語注にも書きましたように、far-fetchedは「ありそうもない」とか「信じられない」という意味で、サウジアラビアがアルゼンチンに勝利するというまさに前代未聞の出来事を表現するのにピッタリの形容詞だといえます。

また、文章中にlendという動詞がありますが、これは「貸す」という意味なので、英文を直訳すれば「それはワールドカップにもう1つのお気に入りを貸した」となります。しかし、これではあまりに日本語としておかしいので上記のような訳にしています。

さて、形容詞の絶妙な使い方としてより興味深いのはその次に出てくる英文です。

　記事は続けて、日本対ドイツ戦について、「試合の前半は動きが鈍く緊張感がなかったが、後半は一転して釘づけにするような素晴らしい試合に変わり（a **plodding first half** gave way to a **riveting second**）」と評し、試合は「75分の堂安律と83分の浅野拓磨の唸りを上げるゴールによって勝負は決した（the matter decided with **booming goals** on 75 minutes and 83 minutes by Ritsu Doan and Takuma Asano）」と結んでいます。

　形容詞としては、活気も緊張感もなかった試合前半の様子を plodding（緊張感のない）、またそれとは一転して活気に満ちたスリリングな展開になった後半戦については riveting（釘づけにする）というまさに絶妙の形容詞を使っています。

　さらに、日本の2得点をあげた堂安、浅野両選手のゴールを **booming goals**（とどろきわたるようなゴール）という、これまた非常にうまい形容詞を使っていることにもご注目ください。


## 日本のemphaticな勝利

　サッカーに関する記事ばかりが続いて恐縮ですが、もう1つだけご紹介させてください。

前項でも見ましたように、日本は2022年のワールドカップであまり勝てる見込みがなかったドイツに歴史的勝利を収めるという快挙を達成しました。

　それに続き、日本は2023年になってからも敵地でドイツと再戦し、またもや勝利したのです。これはいわゆるinternational friendly（国際親善試合、ただ単にfriendlyということもあります）なので、その真剣度合いはワールドカップとは自ずと異なりますが、それでも強豪ドイツを2回続けて破ったことは日本チームの評価を大きく上げることになりました。

　そうした日本チームの勝利を、記事ではどのような形容詞を使って表現しているかに注意しながら記事を味わってみてください。

Japan romped to **an emphatic 4-1 away win** against Germany in an international friendly on Saturday, beating the four-time World Cup winners again following their famous 2-1 triumph at the tournament in Qatar last November.

(Kyodo News, 2023/9/10)

●語注

| romp | 動 | 楽勝する、大勝する |
| emphatic | 形 | 強調された、明らかな、明確な |
| triumph | 名 | 勝利 |

土曜日に行われた敵地での国際親善試合で、日本は4対1でドイツに有無を言わさぬ明確な大勝をした。これは昨年11月のカタールでのワールドカップにおける有名な2対1の勝利に続いて、ワールドカップ4回の優勝経験を誇るチームを再度破ったことになる。

━━━━━━━━━━━━━━━━━━━━━━━━━━━

　注目していただきたい形容詞が使われているのは記事の冒頭の部分です。具体的には、「日本は土曜日に敵地で行われた国際親善試合でドイツに4対1という明確な大勝をした（Japan romped to **an emphatic 4-1 away win** against Germany）」という文章の中にあるan emphatic 4-1 away winという部分です。

　4対1というスコアは紛れもない「明確な勝利」であり、それをemphatic winと表現しているわけです。emphaticはemphasize（強調する）の形容詞形なので、どうしても「強調する」という意味が思い浮かんでしまい、**emphatic**と**win**を結びつけて考えることはなかなか大変ですが、この記事のような使い方をされると、「なるほどうまい言い方だなあ」と感心させられます。

　それからrompという動詞ですが、これは受験英語などでは「はしゃぎ回る」とか「跳ね回る」といった意味で出てくることが多いかもしれませんが、ニュース英語ではこの記事のように、スポーツの試合などで「大勝する」「楽勝する」という意味の動詞（あるいは名詞）として使われ

ることがほとんどです。

さて、記事はbeating以下でさらに続けます。記事の前半で日本がドイツに大勝したことを書いたあと、ドイツと日本チームについての追加情報を提供してくれています。

すなわち、日本は「昨年11月にカタールでのワールドカップにおける有名な2対1の勝利に続いて、ワールドカップ4回の優勝経験を誇るドイツチームを再度破った」という補足説明を加えてくれているわけです。

このようにニュース英語では、**文章を読んでいくにつれ、次から次へと新しい情報を追加提供されるという形になっているのがその大きな特徴の1つになっています。**

なお、このことについては前著『「ニュース英語」の読み方』の中でも詳述していますので、まだお読みでない方はぜひお読みいただければと思います。

## wantonな残虐性

次にご紹介するのは、2023年10月にパレスチナの過激派組織であるハマスがイスラエルに対する大規模攻撃を仕掛けたときのワシントン・ポストの社説記事です。

ワシントン・ポストはバイデン大統領を厳しく批判することが多いのですが、この社説記事では、ハマスの残虐行為に対するバイデン大統領の言葉が明確にハマスを批判す

るものであったことを称賛しています。

> At a time when the United States, and the world, desperately need decency and moral clarity, President Biden has provided both. His words regarding the **wanton atrocities** Hamas has committed against hundreds of Israeli civilians, as well as many Americans and citizens of other countries, in the past week have been unequivocal.
>
> (Washington Post, 2023/10/12)

## ●語注

| desperately | 副 | 必死になって |
| decency | 名 | 礼儀、良識 |
| clarity | 名 | 明晰さ |
| regarding | 前 | 〜に関する |
| wanton | 形 | 残虐な、無慈悲な |
| atrocity | 名 | 残虐行為 |
| civilian | 名 | 民間人、市民 |
| unequivocal | 形 | はっきりした、明白な |

## 訳

米国と世界が必死になって良識と道徳的明晰さを必要としているとき、バイデン大統領はその両方を提供した。先週多くのアメリカ人や他国の市民に対してだけでなく、何百人ものイスラエル市民に対してハマスが行った無慈悲な残虐行為に関するバイデンの言葉ははっきりしたも

のであった。

___

まず記事は、「米国と世界が必死になって良識と道徳的明晰さを必要としているとき、バイデン大統領はその両方を提供した（At a time when the United States, and the world, desperately need decency and moral clarity, President Biden has provided both）」と手放しで称賛しています。

このうちdecencyについては比較的すんなり理解できると思いますが、moral clarityについては、日本語でこのような表現をしないので分かりにくいかもしれませんから、少し説明をしておきましょう。

このmoral clarityというのは、ハマスがイスラエルに対して行った残虐行為に対して、バイデンがハマスとイスラエル両方に非があるというようなどっちつかずの曖昧な立場に立つのではなく、道徳的にはハマスに全責任があることを明確にしたということです。

moral clarityという表現は日本語的ではない非常に英語的な表現なので多少分かりにくい面がありますが、ニュース英語ではこうした抽象的な表現がよく出てきますので、徐々に慣れていく必要があります。

では、記事に戻りましょう。このように記事はバイデンがdecencyとmoral clarityの両方を提供したとありますが、引き続いて記事は、そのことに関する追加情報を提供してくれています。

すなわち、「先週多くのアメリカ人や他国の市民に対してだけでなく、何百人ものイスラエル市民に対してハマスが行った無慈悲な残虐行為に関するバイデンの言葉ははっきりしたものであった（His words regarding the **wanton atrocities** Hamas has committed against hundreds of Israeli civilian, as well as many Americans and citizens of other countries, in the past week have been unequivocal）」と、バイデンの言葉がdecency and moral clarityの両方を提供するものであった具体的根拠をここで示しています。

　さて、英語の表現面でご注目いただきたいのは**wanton atrocities**という形容詞の使い方です。語注にも書きましたように、wantonというのは「残虐な」「無慈悲な」という意味の形容詞で、atrocityはまさに「残虐行為」という意味です。
　つまり、「残虐な残虐行為」という**同じ意味の形容詞が名詞を修飾するという重複形態になっているのですが、こうした表現形式は英語では比較的よく見られます。**
　それから、もう1つ注目していただきたいのは、moral clarityのclarityに対応する語として、記事の最後にあるunequivocalがその言い換え語として機能しているということです。


## bitingするような経済後退

　さて、これまではサッカーや国際政治に関する記事を多

く取り上げてきましたが、ここからは経済に関する記事を少し見てみたいと思います。

　今回ご紹介するのは、アルゼンチンに関する記事です。同国はこれまでの記事でも見てきましたように、サッカーではメッシを擁するなどスポーツでは世界に冠たる評価を得ていますが、経済や政治についてはお世辞にも高い評価を得ているとは言えません。

　むしろ、アルゼンチン国民は経済苦境に喘いでいると言っても過言ではありません。そんな苦境に喘ぐアルゼンチンの経済状況について伝えたのがこの記事です。

Throughout this tournament there has been a sense that Argentina's national psyche needed a victory. The country has been emerging from a **biting economic recession**, a currency crisis, and inflation is running at almost 100%. Buenos Aires had one of the longest Covid lockdowns in the world.

(Guardian, 2022/12/18)

●語注

| psyche | 名 | 精神、魂 |
| biting | 形 | 身を切るような |
| economic recession | 名 | 景気後退 |
| currency crisis | 名 | 通貨危機 |

　今大会中を通じて、アルゼンチンの国民精神は勝利を必要としているという感覚があった。この国は身を切るような景気後退や通貨危機から這い出つつあるが、インフレ率はほとんど100％になっている。また首都のブエノスアイレスは世界で最も長いロックダウンを経験した都市の1つであった。

──────────────────────────────

　この英国紙ガーディアンの記事は、ワールドカップでアルゼンチンがフランスを破って優勝したときに掲載されたもので、記事の冒頭にあるThroughout this tournamentというのはカタールワールドカップの開催期間中を通じてという意味です。

　そして、その大会期間中、「アルゼンチンの国民精神は勝利を必要としているという感覚があった（there has been a sense that Argentina's national psyche needed a victory）」と記事は伝えています。つまり、アルゼンチン国民の間で、勝利に対する強い渇望があったことが示唆されているわけです。

　では、なぜアルゼンチン国民の間にはそのような勝利に対する強い渇望があったのでしょうか。その答えはその次の文章に書かれています。すなわち、「アルゼンチンは身を切るような景気後退や通貨危機から這い出つつあるが、インフレ率はほとんど100％になって（The country has been emerging from a **biting economic recession**, a currency crisis, and inflation is running at almost 100%）」いたからでした。

　さて、形容詞の使い方としてここで注目していただきたいのは、**biting economic recession**という表現の中の**biting**です。

　biteは「噛む」とか「刺す」という意味で、bitingはその形容詞的役割を果たす現在分詞ですが、国の経済状況が最悪で、国民に「身を切るような」痛みを与えていることがこの形容詞には非常によく出ています。

　なお、biteには自動詞として「最低である」という俗語的な意味もあり、特にアメリカ人はThis bites.などとよく言います。

　さて、記事に戻りますと、記事は最後に、「首都のブエノスアイレスは世界で最も長いロックダウンを経験した都市の1つであった（Buenos Aires had one of the longest Covid lockdowns in the world）」ことも伝えています。

　まさにアルゼンチンは経済的に八方塞がりという状況であったことが、この記事からよく分かります。そうした状況にあったアルゼンチン国民としては、ワールドカップ優勝のような自国のことを誇りに思えるようにしてくれるものが必要だったのでしょう。


## gallopする物価高騰

　次はアメリカのインフレに関する記事です。アメリカで

のインフレは一時、年率10％を優に超えるほど高騰しましたが、連邦準備制度の連続利上げもあり、2022年の後半には徐々に落ち着きを見せはじめてきました。

　記事は、インフレが落ち着きを見せはじめたことが中心の内容になっていますが、みなさんに注目していただきたいのは、その前にインフレが高騰していたときのことを、どのような形容詞を使って表現しているかということです。

The Labor Department on Tuesday reported that annual inflation clocked in at 7.1% in November – the lowest reading in more than a year. While it is still high compared to the 2% level at which the Federal Reserve typically seeks to hold down inflation, the most recent number signals that the **galloping price growth** earlier this year is fading.

(NBC NEWS, 2022/12/14)

### ●語注

| | | |
|---|---|---|
| Labor Department | 名 | 労働省 |
| annual | 形 | 毎年の |
| clock in | 熟 | 記録する |
| typically | 副 | 典型的に、通常は |
| hold down | 熟 | 抑える |
| galloping | 形 | 急速に進む |
| fade | 動 | 弱まる、衰える |

訳 ―――――――――――――――――――――――

　労働省は火曜日に11月のインフレ率が7.1％を記録したと
発表した。これはこれまでの1年以上の中で最も低い数字
である。連邦準備制度が通常インフレを抑え込もうとす
る2％というレベルに比べると依然として高い数字ではあ
るが、直近のこの数字は今年初めのような急速に進む物
価高騰は弱まってきていることを示している。

　記事はまず冒頭で、「労働省は火曜日に発表した（The
Labor Department on Tuesday reported）」と伝えています。
では何を発表したのかといいますと、それはthat以下に書
かれています。

　すなわち、「11月のインフレ率が7.1％を記録した（annu-
al inflation clocked in at 7.1% in November）」ということで
す。そして、この数字は「過去1年以上で最も低い数字（the
lowest reading in more than a year）」であったことも伝えて
います。

　なお、ここでclock inという熟語が使われていますが、
これはもともと工場などで「出退勤時間を記録する」とい
う意味で使われていたのですが、今ではそれ以外のことに
ついても広く「記録する」という意味で使われるように
なっています。

　記事はさらに続きます。インフレ率が7.1％というのは
非常に高いように思われますが、前述のとおり、一時は

10％をはるかに超えるインフレになったことを考えれば、これでもかなり落ち着いてきたことになります。

そのことについて記事は、「連邦準備制度が通常このレベルにインフレ率を抑えたいと考えている2％に比べるとまだ高い（While it is still high compared to the 2% level at which the Federal Reserve typically seeks to hold down inflation）」としたうえで、7.1％という「直近の数字は今年初めのような急速に進む物価高騰は弱まっていることを示している（the most recent number signals that the **galloping price growth** earlier this year is fading）」と記事を結んでいます。

すでにお気づきのとおり、この記事では物価高騰が急速に進む様子を**galloping price growth**と表現しています。

price growthというのは「物価の成長」＝「物価高騰」という意味です。そして、そうした「物価高騰」が**galloping**しているとはなかなか面白い表現です。

通常、gallopは馬などが「全速力が駆ける」というイメージが強いのですが、そうした馬が疾走するイメージをうまく物価高騰に結びつけているといえるでしょう。

## stickyな物価

もう1つ、物価に関係する絶妙な形容詞が使われている記事をご紹介したいと思います。

ここでご紹介する記事は前記記事から3か月ほど後に掲

載されたものですが、前記記事以降についても連邦準備制度の金融引き締め策が奏功していることを伝えています。

　しかし、利上げなどの政策が奏功しているとはいえ、必ずしも期待するほど物価が下がったわけではなく、物価を完全に沈静化するまでの道のりはまだまだ遠いことが示唆されています。

There are already signs that the Fed's tightening is working, at least in some parts of the economy. The housing market has slowed, manufacturing is down and prices on a number of goods have stabilized. Washing machines, tires, smartphones, meat and whiskey all got cheaper in February, though economists say there is still a long way to go in bringing down **"sticky" prices** on services, such as rent, transportation and restaurants.

(Washington Post, 2023/3/14)

●語注

| tightening | 名 | 締めつけ |
|---|---|---|
| housing market | 名 | 住宅市場 |
| stabilize | 動 | 安定化する |
| sticky | 形 | 粘りつく、粘着性の |
| rent | 名 | 家賃 |
| transportation | 名 | 輸送 |

　少なくとも経済の一部において連邦準備制度の金融引き
締め策の効果が表れているという兆候がすでに出ている。
具体的には、住宅市場が減速し、製造業も速度を落とし、
多くの商品価格も落ち着いてきた。洗濯機、タイヤ、ス
マホ、肉、ウィスキーなどもすべて2月には価格が安く
なった。もっとも、家賃、輸送、レストランといった高
止まりしているサービス価格を引き下げるにはまだ遠い
道のりが残っているとエコノミストたちは述べている。

---

　前述のとおり、連邦準備制度による連続利上げなどの政
策により、アメリカのインフレは収まってきました。その
ことについて記事は、「少なくとも経済の一部において連
邦準備制度の金融引き締め策の効果が表れているという兆
候がすでにある（There are already signs that the Fed's tight-
ening is working, at least in some parts of the economy）」と書
いています。

　そして、そのことを示す具体例として、「住宅市場が減
速し、製造業も速度を落とし、多くの商品価格も落ち着い
てきた（The housing market has slowed, manufacturing is down
and prices on a number of goods have stabilized）」と述べて
います。

　さらに記事は、物価が落ち着いてきた具体的なものとし
て「洗濯機、タイヤ、スマホ、肉、ウィスキー」などがあ
るとしたうえで、「家賃、輸送、レストランなど物価が高

止まりしているサービス価格を引き下げるにはまだ遠い道のりがある（there is still a long way to go in bringing down **"sticky" prices** on services, such as rent, transportation and restaurants）」というエコノミストたちの意見を載せています。

　さて、ここで注目していただきたいのは、sticky pricesという表現です。

　stickyというのは語注でも書きましたように「粘りつく」とか「粘着性の」という意味ですが、ここではprices（物価）に結びつけて、物価がなかなか下がらず高止まりしている様子についてビビッドなイメージが浮かぶように表現しているわけです。

　なお、物価が高止まりしてなかなか下がらない状況について、ニュース英語では、sticky pricesと表現するほかに、**stubbornly high**とか**stubborn inflation**など**stubborn**（頑固な）という絶妙な形容詞を使って表現することもあります。

## pugnaciousな政治

　少し経済の記事が続きましたので、次は政治関係の記事をご紹介したいと思います。具体的にはトランプに関するもので、トランプが大統領時代に任命した最高裁判事がその後最高裁を保守派の牙城にすることができたので、トランプ嫌いの保守派の人間さえもトランプから離れることは

なかったという内容です。

　そんな記事の中で、トランプ流の政治をどのような形容詞を使って表現しているかに注意しながら読んでいただきたいと思います。なるほどと思わせる形容詞が使われています。

Even leading conservatives who disliked Trump's **pugnacious politics** and **heterodox policies** stuck with him as president because he helped solidify the rightward shift of the US Supreme Court with his nominations – one of the most far-reaching aspects of his legacy, which resulted in the conservative court majority's deeply polarizing June decision to end federal abortion rights.

(CNN, 2022/11/15)

●語注

| | | |
|---|---|---|
| leading | 形 | 主要な |
| pugnacious | 形 | 好戦的な、けんか腰の |
| heterodox | 形 | 異端の |
| stick with | 熟 | 付き従う |
| solidify | 動 | 固める、結束させる |
| nomination | 名 | 任命 |
| legacy | 名 | 遺産 |
| polarizing | 形 | 世論を二分する、意見の対立を招く、 |
| abortion | 名 | 妊娠中絶 |

　トランプの好戦的で異端の政策が嫌いな保守派の指導者
たちでさえも、大統領としての彼に付き従った。という
のも、それはトランプが最高裁判事の任命で最高裁の右
傾化を確固たるものにしたからである。そして、それは
最も広範な影響を及ぼすトランプの遺産の一つであり、
保守派が多数派を占める最高裁が6月に妊娠中絶を違憲と
するという世論を深刻に二分する決定を下す結果を招い
た。

────────────────────────────

　記事ではまず、トランプの政策がどういうものであるか
ということを2つの形容詞を使って表現しています。トラ
ンプはいろんな意味で普通の大統領ではありませんので、
使われている形容詞が肯定的なものでないだろうというこ
とは予想できると思います。

　実際、記事ではトランプ流の政治と政策について、「好
戦的で異端（**pugnacious and heterodox**）」と絶妙な形容詞
を使って表現しています。

　記事は「そんなトランプの政治と政策を嫌う保守派の指
導者たちでさえも大統領としてのトランプに付き従った
（Even leading conservatives who disliked Trump's **pugnacious
politics and heterodox policies** stuck with him）」と述べてい
ます。

　なお、ここでは**pugnacious**という形容詞が使われていま
すが、このほかにほぼ同じ意味として**aggressive, antagonis-**

tic, contentious, hostile, pugilistic, belligerent, bellicoseなどといった形容詞も、トランプの政治スタイルを表現するものとしてニュース英語ではよく使われます。

そんななかでも特によく使われるのが、**pugilistic politics**という表現です。

pugilisticとは「ボクシングの」という意味で、pugilistは「ボクサー」のことを意味します。まさにトランプのような敵対者を叩く、つねに戦闘モードの政治スタイルを表現するのにピッタリの形容詞だといえるでしょう。

さて、トランプを嫌う保守派がなぜ付き従ったのでしょうか。それはbecause以下に書かれています。すなわち、それは「トランプが最高裁判事の任命によって最高裁の右傾化を強固なものにしたから（because he helped solidify the rightward shift of the US Supreme Court with his nominations）」でした。

さらに記事は続けます。具体的には、そうした「最高裁判事の任命はトランプの遺産の中でも最も広範な影響を及ぼしたものの1つ（one of the most far-reaching aspects of his legacy）」であったとしています。

そして、トランプが最高裁判事の任命によってつくり出した「保守派が多数派を占める最高裁が6月に妊娠中絶を違憲とするという世論を深刻に二分する決定を下すことにつながった（which resulted in the conservative court majority's deeply polarizing June decision to end the federal abortion rights）」と結んでいます。

## unalloyedな拒絶

　本章の最後にご紹介するのは、これまでにもいくつか記事をご紹介したことがある2022年11月の中間選挙に関するものです。

　これまでにも少しご説明してきましたように、この選挙では大方の予想を裏切り、バイデンの民主党が善戦する一方、トランプの共和党は彼の支持した候補者が多数落選するなど大きな苦戦を強いられました。そうした選挙結果を受けて書かれたのがこの記事です。

> The final results show that voters failed to deliver the type of **unalloyed repudiation** of Mr. Biden and his management of the economy that many Republicans had predicted in the face of the hottest inflation in 40 years.
>
> (New York Times, 2022/11/17)

### ●語注

| | | |
|---|---|---|
| fail to | 動 | 〜しない |
| unalloyed | 形 | 純粋な、真の |
| repudiation | 名 | 拒絶 |
| predict | 動 | 予想する |
| in the face of | 熟 | 〜を前にして、〜にさらされて |

### 訳 ————————————

　今回の選挙結果が示したことは、40年で最も激しいイン

フレを前にして多くの共和党員が予想していたような、有権者がバイデンと彼の経済運営を完全には拒絶しなかったということである。

---

　記事の冒頭にThe final resultsとあるのは、上記の中間選挙の「最終結果」という意味です。それがどんなことを「示した（show）」のかといいますと、that以下にそのことが書かれています。

　すなわち、「有権者はバイデンと彼の経済運営について完全に拒絶することはしなかった（voters failed to deliver the type of **unalloyed repudiation** of Mr. Biden and his management of the economy）」というのです。

　ここで注目していただきたいのは**unalloyed repudiation**という表現です。ノンネイティブにはなかなか出てこないし、使いこなせない絶妙な形容詞です。

　alloyというのは「合金」のことで、unalloyedというのは、もとは「非合金の」という意味です。そして、そこから派生して、「非合金の」＝「混じりっけがない」＝「純粋の」「真の」という意味になりました。言い換えれば、unalloyedというのはabsoluteとかcompleteとほぼ同義語であるといえます。

　また、repudiationというのは語注にも書きましたように、「拒絶」という意味ですから、**unalloyed repudiation**で「完全な拒絶」という意味になるわけです。

そして、その前にvoters failed to deliver the type ofとあり
ますので、ここは「有権者は完全に拒絶はしなかった」と
いう意味になるわけです。

　しかし、記事にはthat以下にまだ続きがあります。では、
that以下はどういう意味になるのかといいますと、「多く
の共和党員が過去40年で最も激しいインフレを前にして
予想した（that many Republicans had predicted in the face of
the hottest inflation in 40 years）」という意味です。
　それでは、多くの共和党員は何を予想していたのかとい
いますと、それはthatの前にある内容、すなわち選挙で「有
権者がバイデンと彼の経済運営を完全に拒絶する」という
ことでした。
　つまり、ここは全体として、過去40年で最も激しいイ
ンフレにさらされているのだから、国民はバイデンの経済
政策に拒否反応を示すだろうと共和党員は予想しており、
中間選挙での勝利を確信していたという意味になるわけで
す。

# 第 6 章

## 生き生きとした口語表現

本章では、ニュース記事の中で大変数多く出てくる口語表現について見ていきたいと思います。

　こうした口語表現については、前著『「ニュース英語」の読み方』の中でも、「引用文は口語表現の宝庫である」と述べましたが、**口語表現が多く使われるのは何も引用文に限ったことではなく、引用文以外の本文中にも数多く出てきます。**

　繰り返しますが、こうした口語表現は受験英語や英検、さらにはTOEIC、TOEFLなどの検定試験にはほとんど出てこないものです。

　したがって、そうした試験対策の勉強ばかりしていると、実際にネイティブが毎日のように使い、映画やテレビ番組でも頻出する、生きた斬れる口語表現を全然知らないという何とも残念な結果になってしまいます。

　その意味では、ビッグワードは知っていても口語表現を知らない人は、私が言う「半分の英語世界」で生きている人だと言わなければなりません。

　ニュース英語を読むうえにおいても、ビッグワードと呼ばれる難しい単語を覚えることは大変重要なことです。しかし、そうした単語をいくらたくさん覚えていたとしても、口語で使われる単語や熟語を知らなければ真に英語を理解していることにはなりません。

　もちろん、口語表現に特化した辞書や参考書も数多く出版されていますので、そうしたものを通じて勉強することもできるでしょう。しかし、辞書や参考書に載っているの

はどうしてもその数が限られます。

　また、それらに掲載された単語や表現のうち、どれがどれぐらいの頻度で、どのような文脈で使われているのかということは実際にはよく分かりません。

　その意味でも、**口語英語を知るにはニュース英語記事を読むことが一番有効な手段**になるのではないかと思います。

　口語表現はそれこそ無数にあります。また、紙幅の関係もあり、本章ではそうした口語表現のほんの一部しかご紹介できませんが、受験英語、英検、TOEIC、TOEFL、IELTSなどの検定試験にはあまり出てこないような単語を中心にご紹介していきたいと思います。

## バスケットボールのslam dunk

　最初にご紹介するのは、トランプが国家の機密文書を無断で持ち出し、フロリダにある彼の別荘マー・ア・ラーゴに隠していた容疑で訴えられた事件に関する記事です。

　トランプはこの訴訟を含めて4件の訴訟を抱えているにもかかわらず、2024年の大統領選の共和党候補の中では、依然として圧倒的な支持を誇っています。

　そんななか、共和党の有力議員の一人がトランプが大統領選から撤退することを求めたのでした。その理由として挙げられているのがslam dunkという口語表現です。

Republican Sen. Bill Cassidy described the case against former President Donald Trump for allegedly mishandling classified documents as "almost **a slam dunk**" and said he thinks Trump should drop out of the 2024 presidential race.

(CNN, 2023/8/20)

### ●語注

| describe | 動 | 表現する、描写する |
|---|---|---|
| case | 名 | 起訴、訴訟、裁判事件 |
| former | 形 | 以前の |
| allegedly | 副 | 伝えられているところによると |
| mishandle | 動 | 取り扱いを誤る、まずい処理をする |
| classified | 形 | 機密の |

　共和党のビル・キャシディー上院議員は、前大統領のド
ナルド・トランプが機密文書の取り扱いを誤ったとして
訴訟されていることについて、それは「ほとんど確実な
こと」であると評し、トランプは2024年の大統領選から
撤退すべきであると述べた。

　まず記事では、「共和党のビル・キャシディー上院議員
が前大統領のドナルド・トランプに対する起訴を（ある言
葉で）表現した（Republican Sen. Bill Cassidy described the
case against former President Donald Trump）」と書かれてい
ます。

　では、なぜトランプは起訴されたのでしょうか、また
キャシディー議員はそのことをどのような言葉を使って表
現したのでしょうか。

　その2つのことについては、for以下に書かれています。
すなわち、トランプ起訴の理由については、「機密文書の
取り扱いを誤ったから（for allegedly mishandling classified
documents）」だとしています。

　また、キャシディー議員がトランプに対する起訴をどの
ように表現したのかということについては、describeに呼
応するas以下に、「ほとんど確実なこと（as almost **a slam
dunk**）」と書かれています。

　さて、ここでご注目いただきたいのはslam dunkという
表現です。これはもともとバスケットボールの「ダンク

シュート」という意味ですが、「ダンクシュート」が普通のシュートと違って絶対確実に決まるものであることから、「**絶対確実なもの**」という意味になりました。今ではスポーツ以外の一般的な会話や書き言葉の中でも非常に頻繁に使われるようになっています。

　ただ、キャシディー議員がなぜトランプの起訴についてslam dunkと評したのかわかりにくいかもしれませんので少し補足説明をしておきますと、それは上記のとおり、トランプがホワイトハウスから無断で持ち出した機密文書が彼の別荘であるマー・ア・ラーゴで見つかったからでした。
　まさに「動かぬ証拠」がトランプの別荘から出てきたので、そのことをslam dunkと表現したわけです。


## 野球のballgame

　次にご紹介するのは、ケビン・マカーシーが下院議長に再選されるのを阻止しようとする共和党内部の動きに関する記事です。
　マカーシーは共和党内での政治基盤が弱く、彼を下院共和党のリーダーの座から追い落とそうとする強硬派のグループが以前から共和党内に存在していました。
　そうした強硬派の数はそれほど多いわけではありませんが、下院における共和、民主両党の議席差がごくわずかなので、少数とはいえ、彼らが反旗を翻すと物事は動かなくなってしまいます。その意味では、彼らは数以上の力を

持っているわけです。

　そうしたマカーシーに反対する少数の議員によって、マカーシーが下院議長に選出されるまで14回の投票を繰り返すというアメリカ政治史の中でも前代未聞のことが起こりましたが、最後はなんとかマカーシーが下院議長に再選されました。

　つまり、最終的には少数の反対派は負けたということになるわけですが、記事ではこのグループには真の指導者がいなかったという問題点を指摘しています。

> While the effort to thwart McCarthy included about 20 members at the outset, it lacked a real leader. If the likes of Jordan rather than Gaetz had headed up the opposition, it might have been a very different **ballgame**.
>
> (Washington Post, 2023/1/7)

## ●語注

| | | |
|---|---|---|
| thwart | 動 | 挫折させる、妨害する |
| at the outset | 熟 | 最初は |
| lack | 動 | 欠く |
| head up | 熟 | 指導する |
| opposition | 名 | 反対 |

### 訳

　最初、マカーシーが下院議長になることを阻止しようとする動きには約20人いたが、その動きには真の指導者が

いなかった。もしゲーツではなくジョーダンのような人物が反対運動を指導していたら、まったく違った状況になったかもしれない。

では記事を見ていきましょう。前述のとおり、共和党の中にはマカーシーの下院議長再任を阻止しようと動く少数の強硬派議員たちがいました。

そうした動きについて、記事はまず「最初、マカーシーが下院議長になることを阻止しようとする動きには約20人いたが、そのグループには真の指導者が欠けていた（While the effort to thwart McCarthy included about 20 members at the outset, it lacked a real leader）」としています。

つまり、その反対派グループはそれを統率する指導者の指示のもと、確たる戦略を持って行動していたのではなく、グループのメンバー各人がバラバラに行動していたことが示唆されています。

そんなグループの中でも特に目立っていたのがマット・ゲーツ議員でしたが、彼には同僚議員たちからの信頼がなく、より信頼を得ていたのがジム・ジョーダン議員でした。記事はそうした事情を受けて、「もしゲーツではなくジョーダンのような人物が反対運動を指導していたなら、まったく違った状況になったかもしれない（If the likes of Jordan rather than Gaetz had headed up the opposition, it might have been a very different ballgame）」と述べているわけです。

さて、ここで注目していただきたい表現が2つあります。

1つ目はthe likes ofという表現です。これは「～のような人物」という意味で、ニュース英語では頻繁に出てくる表現です。

もう1つはballgameです。ballgameは、普通は野球やバスケットボールなどを含めた球技のことを意味しますので、そのように理解されている方が多いのではないかと思います。

しかし、ballgameには口語でよく使われるもっと重要な意味があります。それは「**これまでとは違った状況や事態**」という意味で、多くの場合これを修飾する形容詞として、この記事のように**different**とか**new**がよく使われます。

その意味では、**different (or new) ballgame**というコロケーションで覚えていただければと思います。

また、ballgameはその前に強調の意味のwholeをつけて**whole different ballgame**とか**whole new ballgame**という言い方をされることもよくあります。

## 競馬のnonstarter

次にご紹介する記事も、上記のマカーシー下院議長追い落とし劇に関するものです。

この記事では、マカーシーが強硬な保守派議員を宥めるために彼らに譲歩案を提示することを穏健派の中間派議員に説明したところ、その譲歩案が行き過ぎであるとして中

間派議員からも反発を買っている様子が書かれています。
語注も参考にしながら、まず一度読んでみてください。

Throughout the closed-door talks, McCarthy was briefing moderates on the possible concessions to conservatives, said Rep. Don Bacon, a Nebraska Republican. The message the leader received from his deal-making centrists: we **can live with** giving Freedom caucus members committee slots but committee gavels are a "**nonstarter**." "Nobody should get a chairmanship without earning it," Bacon said. "When you tell someone, 'Hey, I'll vote for you if you make me a chairman,' that's **crap**. That pisses us off."

(NBC NEWS, 2023/1/7)

●語注

| brief | 動 | 手短に説明する、要点を伝える |
| moderate | 名 | 穏健派 |
| concession | 名 | 譲歩 |
| centrist | 名 | 中間派 |
| slot | 名 | ポスト、地位 |
| gavel | 名 | 小槌 |
| crap | 名 | たわごと、くだらないこと |
| piss off | 熟 | 怒らせる |

訳 ————————————————

　密室での会議において、マカーシーは保守派に対して可

能な譲歩案を手短に説明したと、ネブラスカ州選出の議員であるドン・ベイコンは述べた。そこでマカーシーが交渉相手のベイコンのような中間派から受けたメッセージは次のようなことだった。すなわち、強硬派のフリーダム・コーカスのメンバーに委員会のポストを与えることは我慢できるが、委員長ポストを与えることはまったくダメだということであった。それについてベイコン議員は次のように語った。「どんな議員でも自分で努力せずに委員長職を得られるべきではない。誰かに、もし自分を委員長にしてくれるなら、あなたに投票するなどと言うのは本当にくだらない話だ。そんな考え方をすること自体に我々は腹が立っているのだ」

---

　まず、記事の冒頭にThroughout the closed-door talks（密室での会議において）とあることから、マカーシーを中心とした共和党内の交渉が秘密裏に行われたことが示唆されています。では、そのような密室での会議では、どのようなことが話し合われたのでしょうか。

　それについて記事は、ネブラスカ州選出のドン・ベイコン議員の言葉として、「マカーシーは保守派に対して提示可能な譲歩案について手短に説明した（McCarthy was briefing moderates on the possible concessions to conservatives）」と伝えています。

　なお、ここで少し補足しておきますと、ベイコン議員を含めた穏健派は基本的にはマカーシーの再選を支持してお

り、再選のために保守派に対して多少の譲歩をすることに反対ではありません。そのことについて書かれているのが次の文章です。

　具体的には、「交渉相手の中間派から指導者（＝マカーシー）が受け取ったメッセージ（The message the leader received from his deal-making centrists）」として、コロンのあとに「強硬派のフリーダム・コーカスのメンバーに委員会のポストを与えることはまだ我慢できるが、彼らに委員長ポストを与えることはまったくダメだ（we **can live with** giving Freedom Caucus members committee slots but committee gavels are a "**nonstarter**"）」という中間派の見解が示されています。

　ここで、英語表現としてご注目いただきたいものが3つあります。

　まず1つ目は**can live with**という表現です。これも口語でよく使われる言い方で、「**不満足ながらも〜は我慢できる**」という意味です。I can live with that.「それならまだ我慢できる」という表現はネイティブの口から大変よく聞かれます。

　2つ目は**gavel**です。これの文字どおりの意味は語注にも書きましたように「小槌」ですが、ここでは、小槌を使って最終決定を行う委員会の委員長職のことを比喩的に表しています。

　なお、その少し前に**slots**とありますが、これは委員会の委員ポストという意味で、gavelの対比として使われています。

3つ目はnonstarterです。このnonstarterも非常によく使われる口語です。nonstarter＝スタートしないもの＝出走取り消しの馬＝「**成功の見込みがないもの、話にならないもの**」という意味になるわけです。

　さて記事に戻りましょう。記事ではベイコン議員の言葉が続きます。「どんな議員でも自分で努力せずに委員長職を得られるべきではない（nobody should get a chairmanship without earning it）」と議員は述べています。
　なお、ここでearningという動詞が使われていますが、この動詞には「自分で努力して勝ち取る」というニュアンスがあります。したがって、without earning itで"自分で努力せずに"という意味になるわけです。

　そして、記事の最後でベイコン議員はさらに言葉を続けます。「誰かに、もし自分を委員長にしてくれるなら、あなたに投票するなどと言うのは本当にくだらない話だ（When you tell someone, 'Hey, I'll vote for you if you make me a chairman,' that's **crap**）」とベイコン議員は述べたうえで、「そういう考え方をすること自体に我々は腹が立っているのだ（That pisses us off）」と記事は結んでいます。

　なお、ここでcrapとかpiss offというあまり上品ではない単語や熟語が使われていることに注意してください。
　こうした単語や熟語は、受験英語や英検はもとより、TOEIC、TOEFL、IELTSなどの主要検定試験には下品すぎてまず出てこないものですが、ネイティブの日常会話や

映画やテレビなどでは当たり前のように出てきます。

　伝統的な受験英語や検定試験英語ばかりやってきた人は、こうしたネイティブなら誰もが知り、日常的に使う口語表現に非常に弱いということだけは認識していただいた方がいいのではないかと思います。


## 頭がいらないno-brainer

　次にご紹介するのは日韓関係改善に関する記事です。日韓関係については、主として韓国の尹（ユン）大統領のイニシアチブによって、2023年に入ってから急激に改善してきました。

　そうした日韓関係改善の動きについて、記事は韓国の安全保障の観点から考えると、それはそれほど難しい話ではなく、むしろ当然の動きであるとしています。しかしその一方で、そうした動きは尹大統領にとって大きな政治リスクを伴うものであるとも指摘しています。

　では、韓国の安全保障を考えると日本との関係改善はなぜ当然の動きと言えるのでしょうか。また、尹大統領にとっての政治リスクとは具体的にどのようなことなのでしょうか。そうしたことも考えながら記事をお読みいただきたいと思います。

Taking steps to resolve historical disputes would seem like a **no-brainer** from the standpoint of South Korean security; Seoul will benefit from closer ties with Japan's military and intelligence services, especially now that Japan is launching a historic defense buildup. But the move carries considerable political risk for Yoon. It leaves him open to one of the most stinging charges in South Korean politics: that he is soft on Korea's historic enemy.

(Washington Post, 2023/3/7)

## ●語注

| resolve | 動 | 解決する |
| dispute | 名 | 紛争 |
| standpoint | 名 | 観点 |
| benefit | 動 | 利益を得る |
| intelligence | 名 | 諜報 |
| buildup | 名 | 増強、強化 |
| considerable | 形 | 大きな、かなりの |
| stinging | 形 | 刺すような、辛辣な |

## 訳

　日本との歴史的紛争を解決するための対策を講じることは韓国の安全保障の観点から考えれば簡単なことのように思えるだろう。というのも、特に日本が歴史的な防衛力増強を開始した今、韓国は日本との軍事および諜報面におけるより緊密な結びつきから利益を得られるからである。しかし、そうした動きは尹大統領にとって大きな

政治リスクを伴うものでもある。それは、韓国政治における最も激しい非難の一つに彼をさらす可能性があるからである。すなわち、彼は韓国の歴史的な敵である日本に対して弱腰であるという非難を招きかねないのだ。

---

　前記のとおり、尹大統領になってから日韓関係は急速に関係改善が進みました。そうした両国の関係改善の動きについて記事は、「両国間の歴史的紛争を解決するための対策を講じることは韓国の安全保障の観点から考えれば簡単なことのように思えるだろう（Taking steps to resolve historical disputes would seem like a **no-brainer** from the standpoint of South Korean security）」と述べています。

　注目していただきたいのは、ここで no-brainer という語が使われていることです。no-brainer とは文字どおり「頭がいらないもの」ということで、そこから派生して「**頭を悩ます必要のない簡単なこと**」を意味するようになり、今では日常のやり取りでも非常に頻繁に使われるようになっています。

　記事に戻りましょう。そのあと記事では、韓国の安全保障を考えると日韓関係を改善することがなぜ当然の簡単なことであるのかその理由が書かれています。
　具体的には、「特に日本が歴史的な防衛力増強を開始した今、韓国は日本との軍事および諜報面におけるより緊密な結びつきによって利益を得られる（Seoul will benefit

from closer ties with Japan's military and intelligence services, especially now that Japan is launching a historic defense buildup)」からだとしています。

　たしかに合理的に考えれば、記事が指摘するとおり、韓国が日本と関係改善を模索したことは必然の動きだったとも言えるでしょう。しかし、合理性だけでは動かないのが国際政治です。特に歴史問題を抱える両国関係についてはなおさらです。

　そうした両国関係の難しさについて記事は、「尹大統領にとって大きな政治リスクを伴う（the move carries considerable political risk for Yoon）」ものであると指摘しています。

　しかし、これだけの説明ではまだ漠然としています。記事は続けて、「それは韓国政治における最も激しい非難の一つに彼をさらす可能性がある（It leaves him open to one of the most stinging charges in South Korean politics）」としたうえで、より具体的には、それが「韓国の歴史的な敵である日本に対して弱腰である（that he is soft on Korea's historic enemy）」という非難を招く可能性があることをしっかり指摘しています。


## 弱虫なcuck

　次にご紹介するのはイーロン・マスクとマーク・ザッカーバーグの言い争いに関する記事です。両者ともITビジネス界の超大物ですが、特にマスクは何かと世間をお騒がせ

するという点でも超大物です。

　そんな両者はこれまでビジネス面で直接対決することはありませんでした。しかし、マスクがツイッターを買収し、ザッカーバーグがツイッターと同種のスレッズを立ち上げたことから、両者は真正面から衝突することになったのです。

　記事では、特にマスクがザッカーバーグのことをどんな悪口で批判しているかに注意しながら読んでみてください。

Elon Musk upped the ante in his escalating war of words with Mark Zuckerberg – calling the rival billionaire a "**cuck**" in a foul-mouthed tweet Sunday.

In the four days since Zuckerberg launched Threads – the pair have been sparring with jibing posts on social media, threats of lawsuit, promises to duel in hand-to-hand combat, and now, with a personal insult.

"Zuck is a **cuck**," Musk tweeted, responding to a Threads post from the official account of fast-food chain Wendy's.

(New York Post, 2023/7/9)

### ●語注

| | | |
|---|---|---|
| up the ante | 熟 | 上げる、つり上げる |
| foul-mouthed | 形 | 口汚い、口の悪い |
| spar with | 動 | 争う |
| jibing | 形 | バカにする、愚弄する |
| threat | 名 | 脅し |

| lawsuit | 名 | 訴訟 |
| duel | 動 | 決闘する |
| combat | 名 | 取っ組み合い |
| insult | 名 | 侮辱 |

## 訳

イーロン・マスクはマーク・ザッカーバーグとのエスカレートしている言葉の戦争のレベルをさらに引き上げた。具体的には、彼のライバルである億万長者（＝ザッカーバーグ）のことを、日曜日に打った口汚いツイートの中で弱虫と呼んだのである。

ザッカーバーグがスレッズを立ち上げて以来の4日間で、両者はSNS上でお互いを愚弄するような投稿、訴訟の脅し、素手で取っ組み合いの決闘をする約束、そして今度は個人攻撃の侮辱をして争い続けている。

「ザックは弱虫だ」とファストフードチェーンのウエンディーズの公式アカウントからのスレッズの投稿に応えてマスクはツイートした。

記事はまず、「イーロン・マスクがマーク・ザッカーバーグとのエスカレートする言葉の戦争で一段とそのレベルを引き上げた（Elon Musk upped the ante in his escalating war of words with Mark Zuckerberg）」ことを伝えています。では、どのようにしてマスクはザッカーバーグとの「言葉の戦争」のレベルを引き上げたのでしょうか。

それについて記事は、マスクが「ライバルの億万長者

（＝ザッカーバーグ）のことを日曜日に打った口汚いツイートの中で弱虫と呼んだ（calling the rival billionaire a "cuck" in a foul-mouthed tweet Sunday）」のでした。

　マスクはザッカーバーグのことをcuck（弱虫）と呼んだのですが、これはこの後の文にも出てきますように、ザッカーバーグの略称であるZackとcuckで韻を踏んで揶揄しているわけです。

　また、ここで留意していただきたいのは、cuckがcuckoldを略した語であるということです。というのも、cuckoldは単なる「弱虫」ではなく、「妻を寝取られた男」という意味で、男性にとっては極めて侮辱的な言葉であるからです。マスクは当然それを熟知したうえで、ザッカーバーグのことを最大限侮辱しているわけです。

　では、いつから両者が争いはじめたかといいますと、それについて記事は、ザッカーバーグがスレッズを立ち上げてから4日間のうちに、「両者はお互いを愚弄するSNS上の投稿、訴訟の脅し、素手で取っ組み合いの決闘をする約束、そして今度は個人攻撃の侮辱をして争い続けている（the pair have been sparring with jibing posts on social media, threats of lawsuit, promises to duel in hand-to-hand combat, and now, with a personal insult）」としています。

　そして、前述のように、"Zack is cuck" という極めつけの侮辱がマスクからザッカーバーグに対して投げつけられているわけです。

# 狂ったnut jobとcrackpot

　ケネディ家といえば、ジョン・F・ケネディ（JFK）大統領を筆頭に、ロバート・ケネディやテッド・ケネディなど有名な政治家を多数輩出したアメリカでも有数の名門政治一家ですが、そんな中には兄弟や親戚からも拒絶される「変わり者」もいます。

　それがJFKの弟であるロバート・ケネディの息子であるロバート・ケネディ・ジュニアです。彼は「コロナワクチンの否定論者（anti-vaxxer）」で、反ユダヤ人的傾向のある陰謀論者でもあります。

　そんな彼が2024年の大統領選に民主党候補として立候補する（その後、2023年10月には民主党候補ではなくインディペンデントとして立候補することに変更）ことに多くの人が驚いたのでした。実際、彼の親族や兄弟からも彼はケネディ家の政治信条や考え方を共有しておらず、彼の大統領選立候補を支持しないと言われています。

　記事はそんな彼について有権者がどんな印象を持っているかについて伝えています。

Just 9 percent had a favorable opinion of Kennedy, compared with 69 percent who had an unfavorable one. The survey also asked people to use one word to describe Kennedy, and the most popular words were "crazy," "dangerous," "insane," **nut job**," "conspiracy" and **crackpot**."

(Washington Post, 2023/7/20)

| | | |
|---|---|---|
| favorable | 形 | 好ましい |
| survey | 名 | 調査 |
| insane | 形 | 常軌を逸した |
| conspiracy | 名 | 陰謀 |

訳 ————————————————————————

ケネディについてはたったの9％の人しか好ましい意見を持っておらず、反対に69％もの人が好ましくない意見を持っていた。また調査ではケネディの人柄を表現する言葉を1つ選んでもらったところ、最も人気を集めた言葉は「狂っている」「危険な」「常軌を逸した」「頭のおかしい人」「陰謀」「狂気じみた人」といったものであった。

————————————————————————

　記事は予想どおり、有権者は彼のことをまったくよく思っていないことが明確になったことを伝えています。具体的には、記事は「有権者のたった9％しか彼についての好ましい意見を持っていなかった（Just 9 percent had a fa-vorable opinion of Kennedy）」一方、「好ましくない意見を持っていたのは69％にも達した（compared with 69 percent who had an unfavorable one）」としています。

　また、「世論調査ではケネディの人柄を表現するのに使う一語を聞いたところ（The survey also asked people to use one word to describe Kennedy）」、最も人気があった言葉（the most popular words）として、以下のものが挙げられていました。

「狂っている」"crazy"

「危険な」"dangerous"

「常軌を逸した」"insane"

「頭のおかしい人」**"nut job"**

「陰謀」"conspiracy"

「狂気じみた人」**"crackpot"**

　ケネディを評するこうした語からも、彼が大統領選に立候補するなど、とんでもない人物であることが分かると思います。

　有権者がケネディの人柄を評する上記のような語はすべて否定的な意味であるという点で共通していますが、**nut job**とcrackpotの2語は他の語と少し違っています。

　というのも、この2語を除くその他の語は一般的な語で、受験英語にも出てくるような標準的な語ですが、nut jobとcrackpotは受験英語や英検、その他の主要な検定試験にはまず出てこないような、バリバリの口語表現だからです。

　この2語以外の語はすべて悪い意味ですので、この2語も悪い意味であろうことは容易に予想できると思いますが、具体的にはどのような意味なのでしょうか。

　まず**nut job**ですが、これは「頭のおかしい人」「変人」という意味で、口の悪いアメリカ人は非常によく使います。jobとあるので、何かの仕事の意味かと思われた人もいらっしゃるかもしれませんが、このjobは仕事を意味するものではありません。このほかにもnut jobに似た口語表現として**whack job**があり、これも「狂人」とか「変人」

という意味です。口の悪いトランプが人を非難、攻撃する
ときに好んで使う言葉です。

　それからcrackpotですが、これもnut jobやwhack jobとほ
ぼ同じで「変人」「狂人」という意味です。
　potというのは、もともと人間の頭蓋骨という意味であ
り、それにひび（crack）が入っているということからそ
うした意味になっているわけです。


## 野犬dogpile

　次にご紹介するのはMeToo運動が大きく動くきっかけの
1つになった、ハリウッドの超大物プロデューサーのハー
ビー・ワインスティーンのセクハラ裁判に関する彼の弁護
士の発言に関する記事です。
　記事はワインスティーンの弁護士の発言ですから、当然
公判ではワインスティーンに有利に働くような発言をして
います。つまり、ワインスティーンを訴えた女性2人は完
全に嘘をついており、別の2人は合意の上でのセックスで
あったと主張しているわけです。

During closing arguments last month, Weinstein's attor-
ney Alan Jackson argued that two of the women were en-
tirely lying about their encounters, while the other two
took part in "transactional sex" for the sake of career ad-

vancement that was "100% consensual." But after the
#MeToo explosion around Weinstein with stories in the
New York Times and the New Yorker – which Jackson
called a "**dogpile**" on his client – the women became re-
gretful. "Regret is not rape," Jackson told jurors several
times.

(USA TODAY, 2022/12/19)

●語注

| | | |
|---|---|---|
| argument | 名 | 弁論 |
| entirely | 副 | まったく、完全に |
| encounter | 名 | 出会い、接触、遭遇 |
| for the sake of | 熟 | 〜のために |
| career advancement | 名 | 出世、昇進 |
| consensual | 形 | 同意の上の |
| juror | 名 | 裁判員 |

訳 ─────────────────────

　先月の最終弁論において、ワインスティーンの弁護士で
あるアラン・ジャクソンはワインスティーンを告訴して
いる2人の女性はワインスティーンとの出会いについて完
全に嘘をついており、別の2人の女性は自らの出世のため
100%同意の上でワインスティーンとの「取引上のセック
ス」と行ったのだと主張した。しかし、ニューヨーク・
タイムズやニューヨーカーなどにワインスティーンに関

する記事――それをジャクソンはワインスティーンに対する集団暴行と呼んだが――が掲載されてMeToo運動が爆発したあと、女性たちは後悔したと述べた。これについてジャクソンが何度も裁判員に向けて語ったのは、「後悔は強姦ではない」ということであった。

まず記事では、ワインスティーンの弁護士であるアラン・ジャクソンが最終弁論で主張したことが書かれています。

すなわち、「ワインスティーンを告訴した2人の女性はワインスティーンとの出会いについて完全に嘘をついて（two of the women were entirely lying about their encounters）」おり、また「別の2人についても自らの出世のために100％同意のうえでワインスティーンとの『取引上のセックス』を行った（the other two took part in "transactional sex" for the sake of career advancement that was 100% consensual）」と主張したわけです。

ところが、ニューヨーク・タイムズやニューヨーカーによってMeToo運動に火がつくと、「告訴した女性たちは後悔するようになった（the women became regretful）」と記事は述べています。

そして、そのようにニューヨーク・タイムズやニューヨーカーがワインスティーンを攻撃したことをdogpileと呼んでいます。

dogpileというのは、ある人や物に対して寄ってたかって

集団で攻撃することで、野犬などが集団で何かに襲いかかっている姿をイメージしてもらえば理解しやすいかもしれません。

　この単語も受験英語やその他の主要英語検定試験にはまず出てこないので、ニュース英語を読むとか、映画やテレビ番組をよく見ていなければ永遠に出会うことはないでしょう。


## 人形を棒で叩くという遊びpinata

　次にご紹介するのは、これまでにも何度か取り上げてきました2024年大統領選に出馬したロン・デサンティスに関する記事です。

　デサンティスについてはこれまでにも触れてきましたように、一時はトランプに迫る勢いを示し、主要メディアも時代の寵児的な扱いをしていたのですが、その後は思うように支持率が上がらず落ち目となり、トランプに大きな差をつけられるようになりました。

　そんなデサンティスがメディアから袋叩きにあっている様子が分かるのが下記の記事です。

From the New York Times on his use of private jets from undisclosed pals to Politico likening his wife to lady Macbeth, DeSantis is getting hammered by a media establishment that he openly disdains. DeSantis has a "lovability" problem, a CNN columnist says. He's gone from media favorite to media **pinata**.

(FOX NEWS, 2023/5/31)

●語注

| undisclosed | 形 | 未発表の |
| liken | 動 | ～になぞらえる、～に例える |
| hammer | 動 | 酷評する、攻撃する |
| disdain | 動 | 軽蔑する |
| lovability | 名 | 愛らしさ、可愛げ、好感度 |

訳

彼が未公表の友人から提供されたプライベートジェットを使っていたことに関するニューヨーク・タイムズの記事から、ポリティコ誌が彼の妻のことをシェークスピアのマクベス夫人になぞらえたことまで、デサンティスは彼が公然と軽蔑する主要メディアから酷評されている。CNNのコラムニストはデサンティスには好感度の問題があると述べている。彼はメディアの寵児から一転してメディアから袋叩きにされる存在になった。

デサンティスがメディアから叩かれている様子がお分かりいただけたでしょうか。

まず記事の冒頭では、デサンティスがどのようにメディアから叩かれているのかが書かれています。具体的には、「彼が未公表の友人からプライベートジェットを使用させてもらっていたことに関するニューヨーク・タイムズの報道から、ポリティコ誌が彼の妻のことをシェークスピアのマクベス夫人になぞらえたことまで（From New York Times on his use of private jets from undisclosed pals to Politico likening his wife to lady MacBeth）」と、さまざまな悪い報道をメディアでされたことを記事は伝えています。

　このように、「デサンティスは彼が公然と軽蔑するメディアから攻撃されている（DeSantis is getting hammered by a media establishment that he openly disdains）」わけですが、その理由の一つに、この文章にもありますように、デサンティス自身がメディアのことを侮辱したり軽蔑していたことがあるようです。まさにデサンティスは、メディアを敵に回してしまったのです。

　さらに記事は続けます。記事はCNNのコラムニストの言として、デサンティスには「好感度の問題（lovability problem）」があると述べています。lovableというのは「愛嬌のある」とか「憎めない」という意味ですから、どうもデサンティスは「愛されキャラ」ではないようです。

　ただ、そんなデサンティスですが、前述したように、一時はメディアからも大きく注目され、もてはやされる時代の寵児的存在でもありました。

　記事はそのように浮き沈みの激しいデサンティスのことを、「彼はメディアの寵児から一転してメディアから袋叩

きにされる存在になった（He's gone from media favorite to media **pinata**）」と表現しているわけです。

　なお、英語表現として、ここで注目していただきたいのは**pinata**です。

　もともと**pinata**というのは、メキシコや中米諸国のクリスマス行事の一つとして行われていたもので、厚紙で作った人形のようなもの（pinata）の中にお菓子などを詰め込み、それを高いところに吊るしてそれを棒などで叩き割って、中に入っているお菓子を奪い合うという遊びです。

　そのように、pinataは人形を棒で叩くという遊びであることから、人に対する攻撃や非難の対象にするという比喩的な意味でも使われるようになりました。

　このpinataもアメリカ人は本当によく使いますが、決して受験英語や英検、その他検定試験に出てくるような単語ではありません。


## 最悪なsuck

　次にご紹介するのは、これまでにも何度か取り上げてきました女子ワールドカップサッカー大会におけるアメリカ代表チームについての記事です。

　前記のとおり、この大会までアメリカ女子チームは本当に強く、この大会でも「3回連続の優勝（three-peat）」が

期待されていました。

　そんなアメリカ女子チームでしたが、かろうじて予選ス
テージを突破したものの、ベスト16の初戦で敗退すると
いう不本意な結果に終わってしまいました。

So to sum it up, and keep it simple, the USMNT needs
to win. Everything else will sort itself out.
"Obviously it **sucks** we couldn't put the ball in the back of
the net and come out with the win and three points," said
Weston McKennie, who skied a volley in the 26th minute
against England.

(USA TODAY, 2022/11/26)

●語注

| sum up | 熟 | 要約する |
| sort out | 熟 | 正常に戻る、冷静さを取り戻す |
| sky | 動 | 高く上げる |

訳 ―――――――――――――――――――――――――――

　要するに、簡単に言ってしまえば、アメリカの女子サッ
カー代表チームには勝つことが必要なのである。そうす
れば、そのほかのことはすべて自然と落ち着きを取り戻
すだろう。
　ウェストン・マッケニーはイングランド戦で前半26分に
ボレーキックをゴールポストのはるか上に蹴ってしまっ
た選手だが、「もちろん、ゴールを決めて勝利することが

できず3ポイント獲得できなかったことは最悪だ」と述べた。

---

前記のとおり、記事は「要するに、簡単に言ってしまえば（to sum it up, and keep it simple）」、今「アメリカ女子チームには勝つことが必要なのだ（the USMNT needs to win）」。そうすれば、「そのほかのことはすべて自然と落ち着きを取り戻すだろう（Everything else will sort itself out）」としています。

そして、記事はウェストン・マッケニーという選手の言を引用して、「もちろん、ゴールを決めて勝利することができず3ポイント獲得できなかったことは最悪だ」（Obviously, it **sucks** we couldn't put the ball in the back of the net and come out with the win and three points）と続けています。

ここで注目していただきたいのはsuckという動詞です。suckは一般的に「吸う」とか「吸い上げる」という意味で覚えておられる方が多いかと思いますが、口語では「**最悪である**」という意味で用いられることの方がよほど多い語です。

この文章の場合、suckを「吸う」とか「吸い上げる」という一般的な意味で理解しては文意が通らないことは明白です。自分が知っている一般的な意味では文意が通らないときには、何か別の意味（多くは口語や俗語）があるのではないかと疑い、辞書で調べることが大切です。

254

ただ、残念ながら、こうした口語や俗語の意味について
は日本の主要な英和辞典はあまり役に立たない場合が多い
ので、そんな場合にはUrban DictionaryやThe Free Dictio-
nary, The Online Slang Dictionary, YourDictionaryなどのオ
ンライン辞書で調べてみることをお勧めします。


## 打ち負かすpip

　もう1つ、サッカーのワールドカップに関する記事で
す。これは女子ではなく男子のワールドカップ大会のもの
で、具体的には日本と同じ予選グループに入ったスペイン
とドイツの試合に関するものです。

　みなさんもよく覚えておられると思いますが、日本は
2022年のカタール大会で同じ予選グループに入った強豪
のドイツ、スペイン両チームを撃破して予選グループを突
破しました。

　しかしその一方で、日本に負けることを想定していな
かったスペインとドイツは、両者が戦って予選グループ突
破をかけることになりました。

　その結果は1対1の引き分けに終わったのですが、得失
点差でスペインが勝ち進み、ドイツが予選グループで敗退
するという結果に終わりました。

　下記の記事では、予選グループを何とか勝ち上がったス
ペインのルイス・エンリケ監督の言葉を中心に書かれてい
ます。

"I am not happy at all," said Spain Manager Luis Enrique, who saw his team "dismantled" even as his team **pip** Germany on goal differential to join Japan in breathing into the 16-team knockout stage of this bumpy World Cup.

(Washington Post, 2022/12/1)

## ●語注

| | | |
|---|---|---|
| dismantle | 動 | 分解する、取り壊す |
| goal differential | 名 | 得失点差 |
| breathe into | 熟 | 生き残る |
| bumpy | 形 | 波乱万丈の |

## 訳

「私はまったく嬉しくない」とスペインのルイス・エンリケ監督は語った。というのも、彼のスペインチームは得失点差でドイツを上回り、この波乱万丈のワールドカップの16チームによるノックアウト・ステージに日本と一緒に何とか進むことができたが、彼のチームが「バラバラになる」のを見たからだ。

　それでは、記事を見ていくことにしましょう。記事ではまずスペインのルイス・エンリケ監督の「私はまったく嬉しくない（I am not happy at all）」という言葉を引用して

います。

　では、なぜエンリケ監督は嬉しくなかったのかといいますと、それは「彼のチームがバラバラになるのを見た（who saw his team "dismantled"）」からでした。

　なお、ここでdismantleが引用符で括られているのは、これが文字どおりの「取り壊す」とか「分解する」という意味ではなく、チームの動きがバラバラで統率がとれなかったことを比喩的に表現しているためです。

　しかし、記事はeven asという逆接の意味の語句を続け、「彼のスペインチームは得失点差でドイツに勝った（his team **pip** Germany on goal differential）」ことを伝えています。

　そして、そこでドイツに「**勝つ**」「**打ち負かす**」という意味で使われているのが**pip**という口語でよく使われる動詞です。

　こうした意味のほかに、pipは名詞として「**素晴らしい物や人物**」という意味でもよく使われますが、受験英語や各種検定試験にはまず出てこない単語です。

　さらに記事は続けて、to以下でスペインが得失点差でドイツに勝ったことによって、「この波乱万丈のワールドカップの16チームによるノックアウト・ステージに日本と一緒に何とか進むことができた（to join Japan in breathing into the 16-team knockout stage of this bumpy World Cup）」と述べています。

　なお、ここで**bumpy**という形容詞が使われていますが、これはこの大会でサウジアラビアがアルゼンチンを、また

日本がドイツやスペインを破るなど番狂わせが多かったことを指しています。

## 悪い意味のgaslighting

次にご紹介するのはgaslightingという言葉に関するハーバード・ビジネス・レビュー誌の記事です。gaslightingはメリアム・ウェブスター辞書の2022年のWord of the Yearにも選ばれましたのでご存じの方もいらっしゃるかもしれませんが、特に近年、アメリカでは政治やビジネス分野も含め社会全般において、非常によく使われるようになった言葉です。

それでは、このgaslightingはどのような意味で使われているのか、その意味を予想しながら次の記事を読んでみてください。1つヒントを差し上げるとすれば、決して良い意味では使われていないということです。

**Gaslighting** is a form of psychological abuse where an individual tries to gain power and control over you by instilling self-doubt. Allowing managers who continue to gaslight to thrive in your company will only drive good employees away. Leadership training is only part of the solution – leaders must act and hold the managers who report to them accountable when they see gaslighting in action.

(Harvard Business Review, 2021/9/16)

## ●語注

| | | |
|---|---|---|
| psychological | 形 | 心理的な |
| abuse | 名 | 虐待、悪用 |
| instill | 動 | 染み込ませる、吹き込む |
| thrive | 動 | 繁栄する |
| solution | 名 | 解決策 |
| hold ～ accountable | 熟 | ～に責任を負わせる |

## 訳

　「ガスライティング」というのは心理的虐待の1つの形式であり、それはある個人があなたの中に自己疑念を起こさせることによって、あなたに対する力と支配を獲得しようとすることである。「ガスライティング」を続けるマネージャーが会社の中で出世するのを許せば、よい従業員が会社から離れていくだけである。リーダーシップ訓練というのはその解決策の一部にすぎず、指導者はそうした「ガスライティング」が実際に行われているのを見つければ、すぐに行動し、それを行っているマネージャーに責任を取らせなければならない。

　いかがでしたでしょうか。gaslightingが悪い意味で使われているのがお分かりいただけましたでしょうか。映画ファンの中にはすでにお存じの方もいらっしゃると思いますが、この言葉はもともと『ガス燈』（Gaslight、1944年）という名画の題名に由来するものです。
　主演はイングリッド・バーグマンとシャルル・ボワイエ

という名優で、バーグマンはこの作品でアカデミー賞主演女優賞を獲得しています。また、監督も『フィラデルフィア物語』『スタア誕生』『マイ・フェア・レディ』など名作で有名なジョージ・キューカーが務めるなど公開される前からヒットが確実視される作品でした。

このようにGaslightは映画としても大変有名なものですが、今では映画そのもの以上にgaslightingという言葉の方が有名になりました。

では、gaslightingとはどのような意味なのでしょうか。映画『ガス燈』では、夫が妻に対して嘘を教えて、妻に間違った情報を信じ込ませようとします。最初のうち、妻はそんなことはないと思っていても、何度も繰り返し信頼する夫からそう言われ続けると、徐々に自分の方が間違っているのかもしれないと感じはじめるようになります。

そのように他者を心理的に操作（manipulate）すること、今の言葉で言えば一種のDVである心理的虐待のことをgaslightは意味するようになりました。

では、例文を見てみることにしましょう。まず、例文ではその冒頭で、「ガスライティングは心理的虐待の一つの形式である（Gaslighting is a form of psychological abuse）」と述べたうえで、「それは、ある個人があなたの中に自己疑念を起こさせることによって、あなたに対する力と支配を獲得しようとすることである（where an individual tries to gain power and control over you by instilling self-doubt）」と、gaslightingの現代的な意味をしっかり説明しています。

こうしたgaslightingの概念の中でキーになるのが、

260

instilling self-doubtということです。相手に自分の考えの方が間違っているのではないかと疑わせるように仕向けることがまさにその中心概念になります。

　そして、「そうした行為をするマネージャーが会社組織の中で出世するのを許せば、会社からよい従業員がいなくなるだけである（Allowing managers who continue to gaslight to thrive in your company will only drive good employees away）」と警告しています。

　最後に、「そうした問題を解決するうえにおいてはリーダーシップ訓練というのはその解決策の一部にすぎず（Leadership training is only part of the solution）」、真にその問題を解決するためには、「ガスライティングが実際に行われているところを見つければ、指導者はすぐに行動し、それを行っているマネージャーに責任を取らせなければならない（leaders must act and hold the managers who report to them accountable when they see gaslighting in action）」として論文を締めくくっています。


## バカバカしいrich

　さて、ここまで名詞と動詞の口語表現を見てきましたので、ここからは少し形容詞の口語表現を見ていきたいと思います。

　まずご紹介するのは、スターバックスの創業者であるハワード・シュルツが、政府の労働関係機関から激しく責め立てられていることに対して、共和党の有力議員である

ミット・ロムニーが応援しているという内容の記事です。

　シュルツが厳しく責められているのは、彼が大の労働組合嫌いで、スターバックス内で労働組合が組成されることにも強く反対しているためです。そうしたシュルツに対して助け舟を出したのが、以前共和党の大統領候補にもなったことがあるミット・ロムニー上院議員でした。

Shultz, a registered independent, found an ally in Senate Republicans, who praised his contributions as a businessman and accused the National Labor Relations Board of misconduct. "It's somewhat **rich** that --- you're being grilled by people who have never had the opportunity to create a single job and yet they believe that they know better how to do so," said Sen. Mitt Romney (R-Utah).

(Washington Post, 2023/3/29)

●語注

| registered | 形 | 登録済みの |
| ally | 名 | 同盟者 |
| praise | 動 | 称賛する |
| contribution | 名 | 貢献 |
| accuse | 動 | 批判する |
| misconduct | 名 | 職権濫用、不品行 |
| grill | 動 | 厳しく追求する |

　登録済みのインディペンデントであるシュルツは、ビジ
ネスマンとしての彼の貢献を称賛し、全米労働関係委員
会を職権濫用で批判した上院共和党員の中に彼の同盟者
を見出した。その同盟者とはミット・ロムニー議員（ユ
タ州選出）であるが、彼は次のように語った。「これまで
一つの仕事さえつくり出す機会がなかったにもかかわら
ず、自分たちの方がそのやり方をよりよく知っていると
考えるような人間によって、あなたが厳しく追求されて
いるのは、いささかお笑いだ」

　前記のとおり、ハワード・シュルツは大の労組嫌いで有
名で、スターバックス内で労組が結成されることに頑なに
反対し、労組つぶしのようなこともしたと伝えられていま
す。
　そんな「登録済みのインディペンデントであるシュルツ
は上院の共和党員の中に同盟者を見出した（Schultz, a reg-
istered independent, found an ally in Senate Republicans）」と
記事は述べています。

　さらに記事は、そうした共和党の同盟者は、「ビジネス
マンとしてのシュルツの貢献を称賛し、全米労働関係委員
会を職権濫用で批判した（who praised his contributions as a
businessman and accused the National Labor Relations Board of
misconduct）」という追加情報を与えています。
　そして、記事はシュルツが見出した共和党員の同盟者で

あるミット・ロムニーの発言として次のように引用しています。「これまで一つの仕事さえつくり出す機会がなかったにもかかわらず、自分たちの方がそのやり方をよりよく知っていると考えるような人間によって、あなたが厳しく追求されているのは、いささかお笑いである（It's somewhat **rich** that --- you're being grilled by people who have never had the opportunity to create a single job and yet they believe that they know better how to do so）」とロムニーは語っています。

　ここで注目していただきたいのは、冒頭に出てくる**rich**という形容詞の使い方です。

　通常、richは「豊かな」「豊富な」という意味として覚えている方が多いと思いますが、ここではそうした意味ではまったく意味が通りません。

　実は口語では、**rich**には「**失笑を誘う**」「**偽善的である**」「**バカバカしい**」といった意味があるのです。

　richのような非常に基本的な単語でも、特に口語では意外な意味で使われている場合が往々にしてあります。

　**そのようなときには、自分の知っている意味とは違う意味があるのではないかと疑って辞書で調べてみることがとても大切です。**

## 終わりのtoast

　次は2023年5月に起こったロシアのプリゴジンの乱についての記事です。ご存じの方も多いかと思いますが、プリ

264

ゴジンはワグネルという傭兵組織を率いていた人物で、ワグネルはウクライナ戦争でもロシア軍以上の戦果を挙げていました。

また、プリゴジンはファストフードやケイタリング・サービスの会社なども経営しており、一時は「プーチンの料理番」と呼ばれるほどプーチンと近い人物でした。

そんな人間がウクライナ戦争で兵器が十分に供給されないことをきっかけにロシア軍首脳との軋轢を深め、ロシア軍に対して反乱を起こす事態になったのでした。

しかし、それは単にロシア軍に対する反乱にはとどまらず、プーチンへの叛逆と見なされたのでした。

"This isn't meant to happen in Putin's system," said Cold war historian and Johns Hopkins School of Advanced International Studies professor Sergey Radchenko in a recent Twitter thread. "Putin's system allows for minions to attack each other but never undermine the vertical. Prigozhin is crossing this line. Either Putin responds and Prigozhin is **toast** or – if this doesn't happen – a signal will be sent right through."

(CNN, 2023/5/11)

●語注

| be meant to | 熟 | 意味・意図されている、想定されている |
| historian | 名 | 歴史家 |
| minion | 名 | 子分、手先、臣下 |

| undermine | 動 | 弱体化させる、攻撃する |
| vertical | 形 | 垂直(方向)の |

訳 ────────

「これはプーチン体制では起こるはずのないことだ」と冷戦に関する歴史家でジョンズ・ホプキンス大学の高等国際問題研究所のセルゲイ・ラドチェンコ教授は最近打ったツイッターの中で述べた。「プーチン体制は彼の子分たちがお互いに攻撃し合うことは許容するが、垂直方向の人間を攻撃することは決して許さない。プリゴジンはこの一線を越えつつある。それに対してプーチンが何らかの反応をしてプリゴジンが終わってしまうか、もしそうならなければ、何らかのシグナルが送られることになるだろう。

────────────

では、記事を見ていきましょう。記事では、冒頭で「これはプーチン体制では起こるはずのないことだ（This isn't meant to happen in Putin's system）」というジョンズ・ホプキンス大学の高等国際問題研究所の教授であるセルゲイ・ラドチェンコの発言を引用しています。

ここでisn't meant toという表現が出てきますが、これは文字どおりの意味としては「～を意味されていない」「～を意図されていない」ということですが、より砕いた表現をすれば、「～は想定されていない」という意味になります。

なお、これは記事とはあまり関係ないことですが、私も

このジョンズ・ホプキンス大学の高等国際問題研究所
（SAIS）の上級客員研究員として1年在籍（2017—2018）
していました。SAISは米国でも最も権威ある国際問題研究
所の1つであり、世界各国の政治経済情勢について一流の
学者が分析研究を行っています。

　記事に出てくるセルゲイ・ラドチェンコ教授は、その名
前からウクライナ人かロシア人ではないかと思われます。
姓の最後にenkoとあるのは多くの場合ウクライナ系の人で
すが、ロシアにもウクライナ系の人は多数いますので、ラ
ドチェンコ教授もウクライナかロシアどちらかの出身かと
思われます。

　少し脱線しましたので記事に戻りましょう。記事は続け
てラドチェンコ教授の言葉を引用し、「プーチン体制は彼
の子分たちがお互いに攻撃し合うことは許容するが、垂直
方向の人間を攻撃することは許容しない（Putin's system
allows for minions to attack each other but never undermine the
vertical）」と書いています。

　ここで注目していただきたいのは、minionsとthe vertical
が対照的な言葉として提示されていることです。語注でも
書きましたように、minionは「子分」とか「臣下」という
意味です。また、verticalは「垂直方向の」という意味の形
容詞ですが、the verticalとtheがついていますので、ここで
はプーチンを頂点とする「上位にいる人間」のことを意味
しています。
　つまり、子分どうしが攻撃し合ってお互いを傷つけ合う

ことは認めるが、プーチンのようなトップの人間を攻撃することはどんなことがあっても許さないということです。

　記事は、そうしたプーチン体制の黄金律とでも言うべき「一線をプリゴジンは越えつつある（Prigozhin is crossing this line）」とし、最終的にどのような事態が考えられるかを次に予想しています。

　すなわち、今回のプリゴジンの反乱に対して、「プーチンが何らかの反応をしてプリゴジンが終わってしまうか、もしそうならなければ、何らかのシグナルが送られることになるだろう（Either Putin responds and Prigozhin is **toast** or – if this doesn't happen – a signal will be sent right through）」ということです。

　その後の展開は、実際このラドチェンコ教授の予言どおりとなり、プーチンは「何らかの反応」をした結果、プリゴジンはロシア軍に対する攻撃を中止し、その後しばらくして航空機事故で死亡するなど、まさに「終わって」しまったのでした。

　さて、英語面でご注目いただきたいのはtoastという語の使い方です。

　通常、toastは「パンのトースト」か「乾杯」という意味を思い浮かべる方が多いと思いますが、ここではそうした意味では文意がまったく通りません。

　実はtoastには、口語で形容詞として「**命運が尽きた**」「**もう終わり**」という意味があるのです。実際、**If you do xxx,**

you're toast.（もしあなたがxxxをすれば、もうおしまいだ）
という表現は、ネイティブの会話の中でもよく聞かれるも
のです。

## 大したことないmeh

　本章もこれで最後となりました。本章の締めくくりとし
てご紹介するのは、ワシントンDCにある超有名なレスト
ランについての記事です。具体的には、DCの中で最もお
洒落な街であるジョージタウンにあるCafé Milanoという
超高級レストランについてです。

　私もワシントンに駐在する前の時代から出張時に接待で
何度か連れていってもらったり、また駐在時には逆に接待
する側としてこのレストランをよく使いました。

　しかし、下記記事にも出てきますように、このレストラ
ンは超高級であるにもかかわらず、料理の味もレストラン
内部の装飾もあまりよくなく、また近くに駐車場がなく、
ストリート・パーキングもできないといった難点があるの
です。そうした多くの難点にもかかわらず、このレストラ
ンは今でも毎日ワシントンの有名政治家や名士たちで連日
満員の盛況です。

Food Is **Meh,** Décor Is Bland, Parking Nonexistent: Must
Be D.C.'s Most-Exclusive Restaurant. The politically in-
fluential jam Café Milano, a rare bit of neutral turf in

partisan Washington where rivals actually talk; 'the grown-ups table.' The pizza is described by one restaurant critic as dull, the lobster pasta as overcooked. The décor, bland. Street parking? Not easy.

(Wall Street Journal, 2023/7/6)

●語注

| | | |
|---|---|---|
| bland | 形 | 味気ない、風味がない |
| décor | 名 | 装飾品、飾りつけ |
| jam | 名 | 混雑 |
| partisan | 形 | 党派的な |
| grown-up | 名 | 大人 |
| critic | 名 | 評論家 |
| dull | 形 | 味気ない |

訳 ————

料理は大したことないし、装飾も味気ない。駐車場はないに等しい。ということは、それはワシントンDCの最も高級なレストランに違いない。政治的に影響力があり、いつも混雑しているカフェ・ミラノは、党派分裂の激しいワシントンでは珍しい中立的な場所で、そこでは実際に政治的ライバルたちが話し合っている。まさにそこは「大人の食卓」である。しかし、あるレストラン評論家は、そこで出されるピザは味気なく、ロブスター・パスタは調理しすぎであると評している。また、店内の装飾も味

気なく、ストリート・パーキングでさえも簡単ではない。

　記事をお読みになった限りは、あまり行きたいとは思われないかもしれません。しかし、それでもこのレストランは連日満員なのです。その理由の1つは記事の中で示唆されていますので、それについて少しご説明させていただきたいと思います。

　では、記事を見ていきましょう。まず記事では冒頭から、かなり辛辣な皮肉を込めて、このレストランのことを「料理は大したことないし、レストラン内の装飾も味気ない。駐車場はほぼないに等しい。ということは、これはDCで最も高級なレストランに違いない（Food Is **Meh**, Décor Is Bland, Parking Nonexistent: Must Be DC's Most-Exclusive Restaurant）」と皮肉を込めて評しています。
　実際、私自身、この記事を口語表現の例文としてではなく、第4章の「辛辣な風刺・皮肉」の例文記事として使おうかどうかと迷ったほど痛烈な皮肉になっています。

　さて、ここで英語面でご注目いただきたいのは**meh**という形容詞が使われていることです。これは「**大したことない**」「**期待したほどではない**」「**凡庸な**」という意味の口語です。
　この単語も口語では結構使われますが、**正統派の単語集や英文にはまず出てこない単語**だといえるでしょう。

では、こんなレストランがなぜDCの最高級レストランになっているのでしょうか。それを理解するヒントが次の文章以下に書かれています。

すなわち、「政治的に影響力がありいつも混雑しているカフェ・ミラノは、党派分裂の激しいワシントンでは珍しい中立的な場所（The politically influential jam Café Milano, a rare bit of neutral turf in partisan Washington）」であるからです。

もっとも、レストランが「政治的に影響力がある」と表現されること自体に、いまひとつしっくりこない方もいらっしゃるかもしれません。その理由について記事は、「そこでは政治的ライバルたちが話し合っている。まさにそこは『大人の食卓』である（where rivals actually talk; 'the grown-ups table'）」からだとしています。

つまり、議会では口をきかないような民主、共和の両党議員たちも、このレストランでは仲良く一緒に食事ができる場所になっているというわけです。

実際、私自身カフェ・ミラノで食事しているときに、隣や近くのテーブルで民主党と共和党の有力議員が会食している場面に遭遇したことが何度かありますし、オバマ大統領が別室で食事するときに居合わせたこともあります。

記事は続けて、あるレストラン評論家の言として、具体的な料理の評価をします。すなわち、「ピザは味気なく、ロブスター・パスタは調理しすぎである（The pizza is described by one restaurant critic as dull, the lobster pasta as overcooked）」と評されているのです。

さらに、「レストラン内部の装飾も味気なく、ストリート・パーキングも容易ではない（The décor, bland. Street parking? Not Easy）」と散々な評価をしています。

　私自身の経験からいえば、いつもレストランが超満員で、来ている人が実によくしゃべる人たちばかりだということもあり、同じテーブルでお招きしたお客さんや同僚の話がよく聞こえないということもよくありました。
　しかし、それでも昼も夜も満員なのですから本当に不思議です。

# 第 7 章

連続した同義語・類義語

本章では、ニュース英語で非常に頻繁に見られる表現形式の1つを見ていきたいと思います。それは**類義語を連続して使う傾向が強い**という特徴です。

　類義語を連続して使うことによって、読者に書き手や話者の意図を誤解させないようにするという働きがあるわけです。

　私の知る限り、ニュース英語におけるこうした類義語の連続という特徴は、これまでほとんど指摘されてこなかったのではないかと思います。

　私自身もこうしたニュース英語の特徴について気づいたのはそれほど昔のことではなく、5、6年前に初めて自覚するようになりました。**40年以上ニュース英語を読み続けてやっと気づいたというのが実際のところです。**

　もっとも、類義語といってもその意味の違いには差があります。連続して並ぶ類義語2つといっても、ほぼ100％同じ意味であるものから、少し類義語としての度合いが低くなるものまでさまざまなものがあります。

　このように、類義語としての幅には多少の違いがありますが、根本義においては同趣旨、同方向のものです。

　それでは、そうした類義語が連続して出てくる具体的なニュース記事を見ていくことにしましょう。

# aides and allies

　まずは、名詞の類義語が2つ連続したものを見ていきたいと思います。最初にご紹介するのは、すでにみなさんもお馴染みのトランプの発言についての記事です。

　いつもトランプは補佐官や友人の意見など聞かず自分の好き勝手に発言するのですが、今回はいつもとは違ったようです。

> To the delight of **aides and allies** who have long advised him to mount a forward-looking campaign, Trump did not harp much on his lies about the 2020 election in his remarks Tuesday. Rather, he framed this moment as a battle against "massive corruption" and "entrenched interests."
>
> (CNN, 2022/11/15)

●語注

| | | |
|---|---|---|
| to the delight of | 熟 | ～の喜んだことには |
| mount | 動 | 始める、行う |
| harp on | 熟 | ～をくどくどと繰り返す |
| remark | 名 | 発言 |
| frame | 動 | はめる、額に入れる |
| corruption | 名 | 腐敗、汚職 |
| entrenched interest | 名 | 既得権益 |

　トランプの補佐官や支持者たちはトランプに対して前向
きな選挙キャンペーンを行うように長く助言してきたが、
彼らが喜んだことには、トランプは火曜日の発言では
2020年の大統領選についての彼の嘘をあまり繰り返さな
かった。むしろ、彼はこの瞬間を「大量の腐敗」と「既
得権益」に対する戦いだと位置づけた。

　では、記事を見ていきましょう。記事ではまず「トラン
プの補佐官や支持者たちが喜んだ（To the delight of aides
and allies）」と書いています。

　ここでaides and alliesという連続した類義語が使われて
いることに注目していただきたいと思います。aidesは「補
佐官」のことで、ニュース英語では超頻出単語です。また、
alliesは「支持者」「同盟者」という意味で、厳密にはaides
とは少しニュアンスが違いますが、両語ともトランプの味
方であるという根本義は共有しています。

　このaides and alliesについて、記事はwho以下で追加情報
を与えてくれています。具体的には、彼らは「トランプに
対して前向きな選挙キャンペーンを行うよう長く助言して
きた（who have long advised him to mount a forward-looking
campaign）」のでした。

　では、なぜaides and alliesは喜んだのでしょうか。それに
ついてはその次の文章に書かれています。すなわち、「ト
ランプは火曜日の発言で、2020年の大統領選についての

彼の嘘をあまり繰り返さなかった（Trump did not harp much on his lies about the 2020 election in his remarks Tuesday）」からでした。

　先の文にもありましたように、aides and alliesはトランプに「前向きな選挙キャンペーンを行うよう長く助言してきた」のですから、トランプがその助言に従って、少なくともそれまでのような後ろ向きの発言ばかりをしなかったのでaides and alliesは嬉しかったわけです。

　そして、記事はトランプが発言した内容をより具体的に、「むしろ、彼はこの瞬間を『大量の腐敗』と『既得権益』に対する戦いだと位置づけた（Rather, he framed this moment as a battle against "massive corruption" and "entrenched interests"）」と述べて記事を締めくくっています。

　なお、ここで出てくるentrenched interestsというのは「既得権益」のことで、既存の体制の中でしっかりした人脈や基盤を築き、自動的に甘い汁を吸えるようにしている組織や人物のことを意味します。「既得権益」という同じ意味では、entrenched interestsのほかにvested interestsという言い方をすることもあります。

## subterfuge and fraud

　前記のCNNの記事では、トランプは補佐官や支持者たちの助言に素直に従って2020年の選挙に関する嘘をあまり繰り返さなかったとしていますが、次にご紹介するワシ

ントン・ポストの同日の記事では少し違った状況が伝えられています。

　CNNの記事とは違ってこの記事によると、トランプは引き続き投票規制を求めているようなのです。トランプが投票規制を求めているのは、2020年の大統領選で自分の不利になるような投票不正があったと証拠なしに主張しているためです。もっとも、こうしたトランプの主張については彼の支持者以外は誰も信じていませんが（支持者の中にさえ信じていない人も多い）。

　それでは、トランプは具体的にどのような投票規制を要求しているのか、まずは記事を読んでみてください。

As he continues to insist without evidence that Biden benefited from **subterfuge and fraud**, Trump renewed his demand for sweeping restrictions on voting, including ending early voting (currently in use in 46 states) and voting by mail (available without an excuse in 35 states). "I'll get that job done," he said Tuesday. "That's a very personal job for me."

(Washington Post, 2022/11/15)

●語注

| insist | 動 | 主張する |
| benefit | 動 | 恩恵を受ける |
| subterfuge | 名 | ごまかし、欺瞞 |
| fraud | 名 | 詐欺、ペテン |

280

| renew | 動 | 新たにする、繰り返す |
| sweeping | 形 | 全面的な |
| restriction | 名 | 規制 |

訳 —————————————————————————————

バイデンは欺瞞と詐欺によって恩恵を受けたとトランプ
は証拠もなしに主張し続けているが、トランプは期日前
投票（現在46州で採用）や郵便投票（理由なしで35州で
実施）を終わらせることを含めて、投票に関する全面的
な規制要求を繰り返した。「私はその仕事をやり遂げる。
それは私にとって非常に個人的な仕事なのだ」とトラン
プは述べた。

————————————————————————————————

　記事ではまず冒頭から、「トランプは証拠もなしにバイ
デンは欺瞞と詐欺で恩恵を受けたと主張し続けている（As
he continues to insist without evidence that Biden benefited
from **subterfuge and fraud**）」と書いています。

　英語の観点でここでご注目いただきたいのは、**subter-
fuge and fraud**とほぼ同義語といってよい単語が2つ連続し
て使われていることです。

　これら2つの単語のうちfraud（詐欺、ペテン）について
はニュース英語では本当に頻繁に出てくる基本語ともいう
べきものです。その一方、**subterfuge**（ごまかし、欺瞞）
はfraudよりも文語的なニュアンスがあり、それほど頻繁
に目にする単語ではありませんが、subterfuge and fraudと

いう塊で覚えておくと記憶しやすいかもしれません。

　また、内容面については、ここでバイデンが恩恵を受けたとトランプが主張しているのは、2020年の大統領選で投票不正があり、それがバイデンの勝利につながったのだとまさに「証拠もなしに（without evidence）」主張していることを指しています。

　実際、記事ではその後に、「トランプが投票に関する全面的な規制要求を繰り返した（Trump renewed his demand for sweeping restrictions for voting）」と書かれています。

　語法面では、ここでrenewという語が使われていることにもご注目ください。

　renewは雑誌の購読やフィットネスセンターのメンバーシップなどを「更新する」という意味などで使われることが多いのですが、ここでは「繰り返す」というrepeatとほぼ同じ意味で用いられています。

　では、トランプの「投票に関する全面的な規制要求」とは具体的にどのような規制なのでしょうか。それについてはincluding以下に追加情報として書かれています。

　すなわち、「期日前投票（現在46州で採用）や郵便投票（理由なしで35州で実施）（early voting (currently in use in 46 states) and voting by mail (available without an excuse in 35 states)）」における規制をトランプは要求しているわけです。

　そして記事は最後に、「私はその仕事をやり遂げる。そ

れは私にとって非常に個人的な仕事なのだ（I'll get that job done. That's a very personal job for me）」というトランプの言を引用して記事を結んでいます。

## villains and scoundrels

　もう1つ、トランプに関する記事をご紹介しておきたいと思います。これはトランプがある会合で語った言葉を伝えたもので、バイデンや民主党員だけでなく、共和党員の中でも「名前だけの共和党員」（RINO）も叩きのめしてやると、これまでにも増してトランプ節がフル回転しています。

> "We will beat the Democrats, we will rout the fake news media, we will expose and appropriately deal with the RINOs (Republicans in Name Only). We will evict Joe Biden from the White House and we will liberate America from these **villains and scoundrels** once and for all," Trump told the crowd at a Maryland convention center outside Washington on Saturday.
>
> (CNN, 2023/3/6)

●語注

| beat | 動 | 叩きのめす、打ち負かす |
|---|---|---|
| rout | 動 | 打ち負かす、敗走させる |

| expose | 動 | 暴露する |
|---|---|---|
| appropriately | 副 | 適切に |
| evict | 動 | 追い出す |
| liberate | 動 | 解放する |
| villain | 名 | 悪漢、悪党 |
| scoundrel | 名 | 悪党、ろくでなし |
| once and for all | 熟 | キッパリと、これっきり |

## 訳

「我々は民主党とフェイク・メディアを叩きのめす。また我々はRINO（名前だけの共和党員）を暴露し、彼らに適切に対処するつもりだ。また、我々はジョー・バイデンをホワイトハウスから追い出し、悪党どもからアメリカをキッパリと解放するつもりだ」とトランプはワシントン郊外にあるメリーランドのコンベンションセンターで土曜日に聴衆に向けて語った。

まず記事では、「我々は民主党員もフェイク・メディアも叩きのめしてやる（We will beat the Democrats, we will rout the fake news media）」と、トランプはいつものように威勢のよい激しい言葉を発しています。

ここでbeatとroutという2つの動詞が使われていますが、どちらも「やっつける」「打ち負かす」という基本的には同じ意味の言い換えです。

さらにトランプは続けて言います。「我々はRINO（名

前だけの共和党員）を暴露し、彼らに対しても適切に対処するつもりだ（we will expose and appropriately deal with the RINOs）」と、今度はRINOに矛先を向けています。

　共和党員も民主党員もその政治思想には幅があり、共和党員に近い考え方の民主党員もいますし、民主党員に近い共和党員もいます。そうした党員の中で、共和党員中でも民主党員に近い考え方をしている者を、十分に共和党的ではないという意味でRINOといいます。

　それと同じく、民主党員の中でも共和党に近い考え方のものをDINO（Democrats in Name Only）といいますが、DINOはRINOほど頻繁には使われていません。


　その後、トランプは矛先を変えて、本丸のバイデンを攻撃します。具体的には、「我々はバイデンをホワイトハウスから追い出し、悪党どもからアメリカをキッパリと解放するつもりだ（we will evict Joe Biden from the White House and we will liberate America from these **villains and scoundrels** once and for all）」と述べています。


　ここでご注目いただきたいのは、**villains and scoundrels** という類義語が2つ続いていることです。

　この2つはどちらも「悪党」「悪漢」という意味で、ほぼ同義語と考えていただいてよいかと思いますが、悪さの程度のついては、どちらかというとvillainの方がscoundrelよりも強く、使用頻度についてはその逆に、scoundrelよりもvillainの方がよく使われるように思います。

　いずれにせよ、この2語にはそれほど大きな意味の差は

ありませんので、このトランプの言い方のようにvillains and scoundrelsと一緒に覚えていただくのがいいでしょう。


## sway and gravitas

　次にご紹介するのは元FRBの副議長で、現在はバイデン政権で国家経済会議（NEC）の議長（Director of National Economic Council）に就任しているラエル・ブレイナードについての記事です。

　この職歴のとおり、ブレイナードは彼女自身がワシントン政界における超大物なのですが、彼女の夫も日本と非常に関係が深い、オバマ政権で東アジア大洋州担当の国務次官補を務めたカート・キャンベルという大物外交官です。

　キャンベル自身、現在はバイデン政権で「国家安全保障局のインド太平洋担当調整官（National Security Council Coordinator for the Indo-Pacific）」を務めています。

　このように、ブレイナードとキャンベルは両者ともワシントン政界の有力者で、夫妻は現在のワシントンにおいて有数のパワーカップルとして知られています（私自身、キャンベルにはワシントン時代に何度か面談したことがあり、また先にご紹介したワシントンの有名なレストランであるカフェ・ミラノで夫妻が食事している場面に遭遇したこともあります）。

　さて、この記事では、そのようなブレイナードがFRB内部で気候変動問題が金融や経済に与える影響力の大きさに

ついて先頭に立って訴えてきたことが書かれています。

During the Trump years, Brainard was the main voice pushing for the fed to examine the ways climate change could threaten financial stability or the overall economy. That role has since been taken up by Barr, confirmed to be vice chair for bank supervision last year. Still, Gardner said Brainard's **sway and gravitas** on the fed board have helped elevate issues within the central bank's sprawling agendas.

(Washington Post, 2023/2/14)

●語注

| push for | 熟 | 推進する |
| examine | 動 | 調べる、調査する |
| threaten | 動 | 脅す、脅迫する |
| stability | 名 | 安定性 |
| overall | 形 | 全体の、全般的な |
| role | 名 | 役割 |
| sway | 名 | 支配、影響力 |
| gravitas | 名 | 重々しさ |
| elevate | 動 | 高める |
| sprawling | 形 | 広がった |

訳 ―――――――――――――――――――――――――――――

　トランプ時代は、ブレイナードは気候変動が金融の安定

性や全体経済にどのような脅威を与える可能性があるか
ということについて、連邦準備制度委員会が調査すべき
だとする考えを推進する主たる人物であった。その後、
その役割については昨年銀行管理担当の副議長として承
認されたバーに取って代わられた。しかし、それでもブ
レイナードの連邦準備制度委員会に対する影響力と重み
のおかげで、中央銀行のやるべき課題が広がりつつある
なかでも同行内におけるこの問題（気候変動問題）の重
要性は高まったとガードナーは述べた。

---

　記事ではまず、「ブレイナードが主たる人物であった
（Brainard was the main voice）」であったと書かれていま
す。では、ブレイナードは何をする「主たる人物」であっ
たかといいますと、その後に「気候変動が金融の安定性や
全体経済にどのような脅威を与える可能性があるかという
ことについて連邦準備制度委員会が調査すべきであるとす
る考えを推進する（pushing for the fed to examine the ways
climate change could threaten financial stability or the overall
economy）」人物であったことが、**pushing**以降の文章で追
加情報として提供されています。

　そして、そうした気候変動問題の重要性を訴える「役割
はその後、昨年連邦準備制度委員会の副議長に承認された
バーにとって代わられた（That role has since been taken up
by Barr, confirmed to be vice chair for bank supervision last
year）」と伝えています。なお、バーとはブレイナードの

後任としてFRBの副議長に就任したマイケル・バー（Michael Barr）のことです。

　その後、ブレイナードは国家経済会議の議長として転出したため、FRBで気候変動問題を担当することはなくなりましたが、「それでもブレイナードの連邦準備制度委員会に対する影響力と重みのおかげで、中央銀行のやるべき課題が広がるなかでも同行内におけるこの問題の重要性は高まったとガードナーは述べた（Still, Gardner said Brainard's **sway and gravitas** on the fed board have helped elevate issues within the central bank's sprawling agendas）」として記事を締めくくっています。

　なお、ここでは**Still**が非常に重要な語として素晴らしい働きをしています。
　それまでの文章では、ブレイナードの気候変動に関する役割がバーに取って代わられたと書かれていますが、**Still**が次の文章の冒頭にあることによって、ブレイナードの影響力がFRBでまだ残っていることが示唆されているわけです。
　また、英語面では、**sway and gravitas**という2つの類義語が連続していることにもご注目いただきたいと思います。
　**sway**は「揺り動かす」という意味の動詞として使われることが多いのですが、そこから動詞として「**影響を与える**」、また名詞としては「**影響力**」という意味でニュース英語ではよく使われます。
　また、**gravitas**は「**重々しさ**」「**重さ**」という意味で、

swayの同義語とまではいえませんが、FRBという組織内で「重々しさ」があるということは「影響力」があるということになりますので、ほぼ同じ趣旨の類義語といえます。

## anxiety and trepidation

　次は少し趣向を変えて、MBA（経営修士号）の就職に関する記事をご紹介したいと思います。全米のMBAプログラムの中でもハーバードやスタンフォードなどの超有名校については、その卒業生は基本的には売り手市場の立場になりますので、通常、卒業時に就職にそう苦労することはないのですが、経済状況があまり良くないときには、そうした学生でも就職に大きな不安を抱えているようです。

Is an MBA from what is widely seen as the most prestigious business school in the US truly recession-proof? That claim – often implied, if not articulated – has been put to the test this spring at Harvard Business School. There's "a lot of **anxiety and trepidation** about the job market," says Albert Choi, a second-year student now planning his own business.

(Bloomberg, 2023/6/1)

●語注

prestigious　　　　形　　　権威ある、名門の

| imply | 動 | ほのめかす、暗示する |
|---|---|---|
| articulate | 動 | 明確に述べる |
| anxiety | 名 | 心配、懸念 |
| trepidation | 名 | 恐怖、不安 |

訳 ———————————————————

アメリカで最も権威があると広く考えられているビジネススクールから取得したMBA（経営修士号）は本当に不況にも強いのだろうか。そうした主張 — 明確に述べられることはないにしても、しばしばほのめかされる — は今年の春、ハーバード・ビジネス・スクールで試されることになった。「就職市場に関しては多くの心配や不安がある」と、2年生で自分自身のビジネスを始めることを計画しているアルバート・チョイは語った。

———————————————————

　では、記事を見ていきましょう。記事は冒頭から、「アメリカで最も権威があると広く考えられているビジネススクールから取得したMBAは本当に不況にも強いのだろうか（Is an MBA from what is widely seen as the most prestigious business school in the US truly recession-proof?）」という、この記事の核心をつく問題提起をしています。

　そして、そうした主張（claim）は、「明確に述べられることはないが、しばしばほのめかされる（often implied, if not articulated）」ものであると挿入句として書いたうえで、それが「今年の春、ハーバード・ビジネス・スクールで試されることになった（has been put to the test this spring at Harvard Business School）」としています。

　つまり、ハーバード・ビジネス・スクールのような超名門校でも本当に経済不況時においても、就職はまったく心配することはないのだろうか、それについて試されることになったということです。そして、就職を心配する必要がないということをrecession-proofと表現しているわけです。

　しかし、記事のその後を読むと、必ずしも状況はそうなまやさしいものではないようです。記事はある2年生の言を引用して、「就職市場に関しては多くの心配や不安がある（There's "a lot of **anxiety and trepidation** about the job market"）」と伝えています。

　ここでは**anxiety and trepidation**という2つの類義語が連続して使われています。語注にも書きましたように、**anxiety**は「心配」や「懸念」、**trepidation**は「恐怖」や「不安」という意味で、ほぼ同義語と考えることができます。

　anxietyは一般的な基本語ですが、trepidationはかなり難易度の高い語だといえるでしょう。なお、trepidationについては、**with trepidation**（不安を覚えながら）や**without trepidation**（不安なく）という語句でよく出てきますので、この形で覚えていただきたいと思います。

　また、この形容詞はtrepid（小心な）、その否定語はintrepid（大胆な、大胆不敵な）ですので、この機会にぜひ一緒に覚えていただければと思います（trepidはそれほど出てきませんが、intrepidはよく出てきます）。

# flubs and gaffes

　次にご紹介するのは、バイデン大統領が高齢であること
に対する不安が高まっているなか、G20サミットに出席す
るためにベトナムのハノイを訪問したときの記者会見で、
訳のわからないジョークを飛ばしたことを伝えた記事です。

　バイデンは現在81歳で、かりに2024年の大統領選で再
選された場合、第二期目を終了するときには86歳という
超高齢の大統領になります。本当にバイデンはそれまで体
力、知力両面で大統領職を全うできるのかという不安が高
まっているわけです。

　さらにバイデンの場合、大統領に就任する前から失言が
多く、それが近年さらに加速するような状況が見られるた
め、2024年11月の大統領選が近づくにつれ、それを不安
に思う人が増えてきています。

　まさにそんな状況のなか、G20サミット出席のため訪問
したハノイでの記者会見で、バイデンはまた意味不明の発
言をしたのでした。

Misgivings about his age have been turbocharged by vari-
ous verbal **flubs and gaffes**.
On Sunday, Biden raised eyebrows during a stop in
Hanoi, Vietnam during an international press event to
talk about the Group of 20 summit and geopolitical ma-
neuverings in Asia.
"I tell you what, I don't know about you, but I'm going to

go to bed," Biden joking during a rambling speech and a
question about why he hasn't spoken to Chinese leader Xi
Jinping.

(New York Post, 2023/9/10)

●語注

| misgiving | 名 | 不安、懸念 |
| turbocharge | 動 | 加速する |
| verbal | 名 | 言葉による |
| flub | 名 | へま、失敗 |
| gaffe | 名 | 失言、失敗 |
| raise eyebrows | 熟 | 驚かせる |
| maneuvering | 名 | 策略、動き |
| rambling | 形 | 要領を得ない、とりとめのない |

訳 ————————————

　バイデンの年齢に関する懸念が、彼のさまざまな言葉上
のへまや失言によってさらに加速してきた。

　この日曜日には、バイデンはベトナムのハノイでの国際
記者会見でG20サミットとアジアの地政学的動きについ
て語ったが、それは人を驚かすものだった。

　バイデンはとりとめのないスピーチをしたあと、なぜ中
国の指導者である習近平と会談しなかったのかという質
問を受けて、次のようなジョークを言った。「いいかい、
私はあなたのことを知らない。もうこれから寝ることに

する」と。

---

　記事では冒頭から、「バイデンの年齢に関する懸念が、彼のさまざまな言葉上のへまや失言によってさらに加速してきた（Misgivings about his age have been turbocharged by various verbal **flubs and gaffes**）」と問題の核心に迫っています。

　なお英語面で、ここで注目していただきたいことが2つあります。まず第1に、ここで**turbocharge**という動詞が使われていることです。

　turbochargeは "to make something grow or increase at a faster rate than usual"（通常よりも速くものを成長させたり増加させたりすること）ですが、その含意として重要なことは「通常よりも速く」ということです。

　つまり、このturbochargeには「**これまでにも増してその勢いを加速させる**」という含意がありますので、ここでは「バイデンの年齢についてはこれまでにも懸念の声はあったが、それがいっそう強まった」というニュアンスを伝える語になっているわけです。

　2つ目は**flubs and gaffes**と類義語が2つ連続して使われていることです。この2語の意味については語注でも書きましたように、ほぼ同義語（へま、失敗）と考えていただいてよいと思います。

　もっとも、ニュース英語ではgaffeは非常によく出てきま

すが、flubはそれほど高い頻度で出てくる語ではありません。

　さて、記事に戻りますと、記事はその次の文章で、バイデンの年齢に対する懸念が強まっているのも仕方がないと思わせることが起こったことを伝えています。

　すなわち、「この日曜日に、バイデンはベトナムのハノイでの国際記者会見でG20サミットとアジアの地政学的動きについて語ったが、それは人を驚かすものだった（On Sunday, Biden raised eyebrows during a stop in Hanoi, Vietnam during an international press event to talk about the Group of 20 summit and geopolitical maneuverings in Asia）」と記事は書いています。

　しかし、これだけではまだ具体性に欠けます。バイデンが行ったどのような発言が「人を驚かす」ことになったのか、これだけでははっきりしません。そこで、それに対する回答として、最後にバイデンの発言が引用文として出てきます。

　すなわち、「バイデンはとり止めのないスピーチをしたあと、なぜ中国の指導者である習近平と会談しなかったのかという質問を受けて、次のようなジョークを言った（Biden joking during a rambling speech and a question about why he hasn't spoken to Chinese leader Xi Jiping）」のでした。

　「いいかい、私はあなたのことを知らない。もうこれから寝ることにする（I tell you what, I don't know about you, but I'm going to go to bed）」と、大統領とは思えないような発

言をして去っていったことを伝えています。

　さすがに記者会見でこんな問答をしているようでは、バイデンは大統領として本当に大丈夫なのかという懸念がいつまでも続くのも致し方ないのかもしれません。

　なお、ここでバイデンは "I tell you what" と言っていますが、これは会話などで話を切り出すときによく使われる常套句で、"いいかい" "あのね" "ねえちょっと" といった意味になります。

## critical and dismissive

　さて、ここまでは名詞の類義語や同義語が2つ連続するニュース英語の文例を見てきましたので、ここからは少し形容詞の類義語や同義語が2つ続く文例を見ていきたいと思います。

　最初にご紹介するのは、US News & World Report誌の大学ランキング調査についての記事です。US Newsのこのランキング調査は今や同誌の最大の売り物ともいえるもので、今では4年制の一般大学だけでなく、ビジネススクール、ロースクール、メディカルスクールなどの大学院、さらにはコミュニティー・カレッジ、リベラルアーツ系の大学等のランキングにまで及んでいます。

　そんななかでも特に注目度の高いのがビジネススクールとロースクールのランキング調査です。記事は、そのよう

に大変影響力のあるUS Newsのランキング調査からエールとハーバードの両ロースクールが脱退すると発表したことに関するものです。

　ロースクールの中でも突出した両巨頭ともいえるエールとハーバードがランキング調査から脱退することが今後US Newsのランキング調査にどのような影響を与えることになるのか、そのあたりにも注意しながら記事を読んでみてください。

It's difficult to say whether Yale and Harvard law schools' exit will impact the reputation or direction of the annual rankings. The famed scoring system still has clout even as a crop of competitors has emerged in recent years. The ranking formula has evolved, with more emphasis on student retention and graduation. College and university leaders are routinely **critical and dismissive** of the listing, but thousands of schools continue to participate.

(Washington Post, 2022/11/16)

## ●語注

| | | |
|---|---|---|
| exit | 名 | 出口 |
| reputation | 名 | 名声、評判 |
| famed | 形 | 有名な |
| clout | 名 | 影響力 |
| formula | 名 | 方法 |
| evolve | 動 | 発展する、進化する |

| retention | 名 | 保持、維持 |
| dismissive | 形 | 否定的な、軽蔑的な |

## 訳

エールとハーバードのロースクールがUSニューズの毎年恒例のランキング調査から脱退したことが、今後の同誌の名声や方向に影響を与えるかどうかについて言うことは難しい。この有名なスコアリング・システムについては、近年ほかにもライバルになる多くのランキング調査が出てきたが、依然として影響力を持っている。そのランキングをつける方法は進化し、近年では学生の在学率と卒業率がより重視されるようになった。大学の指導者はいつもこのランキング調査に批判的で否定的であるが、何千もの大学がこのランキング調査に依然として参加し続けている。

先に、このランキング調査からエールとハーバード両校のロースクールが脱退することによって、「今後どのような影響を与えることなるか」に注意しながら記事を読んでいただきたいと書きましたが、記事では冒頭でそのことに関して、「エールとハーバードのロースクールがUSニューズの毎年恒例のランキング調査から脱退したことが、今後の同誌の名声や方向に影響を与えるかどうかについて言うことは難しい（It's difficult to say whether Yale and Harvard law school's exit will impact the reputation or direction of the annual rankings）」と書いています。

US Newsにとっては、エールやハーバードなどの最有力ロースクールが抜けることは当然大きな痛手になるはずですが、記事は「この有名なスコアリング・システムについては、近年ほかにもライバルになる多くのランキング調査が出てきたが、依然として影響力を持っている（The famed scoring system still has clout even as a crop of competitors has emerged in recent years）」としています。

　また記事は、「ランキングをつける方法が進化した（The ranking formula has evolved）」とし、具体的には、「近年では学生の在学率と卒業率がより重視されるようになった（with more emphasis on student retention and graduation）」と伝えています。

　なお、ランキングをつけるためには、さまざまな項目を数量化して分析しなければなりません。以前はロースクールの場合なら、学部時代の成績であるGPA、ロースクール受験時に要求されるLSATの成績、さらには受験倍率などといった項目がロースクールのランキングづけにおいて大きな比重を占めていましたが、近年は上記のような学業面の成績以外の項目についてもより重視されるようになりました。

　実際、何をランキングづけするにしても、どんな項目を評価項目に設定し、それらの項目それぞれにどれほどの比重を置くかによってランキング結果は大きく変わってきます。そうしたランキングづけ特有の難しさや、ある意味恣意的な要素が入り込んでしまうことから、このようなUS Newsのランキングづけに対しても不満を抱く大学間関係

者が多くいるわけです。

　そうした状況について、記事では「大学の指導者はいつもこのランキング調査に批判的で否定的である（College and university leaders are routinely **critical and dismissive** of the listing）」と書いていますが、その一方で、「何千もの大学がこのランキング調査に依然として参加し続けている（thousands of schools continue to participate）」とも伝えています。

　さて、ここで**critical and dismissive**と2つの類義形容詞が連続して使われていることに注目していただきたいと思います。
　まず**critical**については「批判的な」という意味の基本単語ですが、**dismissive**についてはそれほど馴染みがないという方もいらっしゃるかもしれません。
　これは語注にも書きましたが、dismissiveは「否定的な」「軽蔑的な」という意味で、criticalと同義語とまではいえませんが、意味の重要な部分が共通する類義語であるといえます。

## stale and lifeless

　次にご紹介するのは2022年のカタール・ワールドカップで優勝したアルゼンチンに関する記事です。この大会ではメッシの活躍もありアルゼンチンが決勝戦でフランスを

破り優勝しましたが、予選グループの初戦でサウジアラビアに負けるという大波乱のスタートとなりました。

　そんなアルゼンチンの第二戦目がメキシコ戦でした。試合はアルゼンチンが2対0で勝つには勝ったのですが、試合内容についてはアルゼンチンのスカローニ監督にとっては必ずしも満足すべきものではなかったようです。記事はそのあたりのアルゼンチンの戦いぶりについて書いています。

Though a win against Mexico on Saturday was crucial, Argentina coach Lionel Scaloni will also have wanted to see a much-improved performance as proof that the loss to Saudi Arabia was nothing more than a blip. Not least given that before that Saudi defeat Argentina had gone 36 games unbeaten. However, that performance never materialized with Argentina looking **stale and lifeless** for much of the game.

(CNN, 2022/11/26)

●語注

| crucial | 形 | 重要な |
| nothing more than | 熟 | 〜にすぎない |
| blip | 名 | 些細なこと |
| not least | 熟 | 特に、とりわけ |
| defeat | 動 | 負かす |
| unbeaten | 形 | 不敗の |

| materialize | 動 | 実現する |
| stale | 形 | 生気のない、気の抜けた |
| lifeless | 形 | 活気のない |

## 訳

土曜日にメキシコに勝ったことは重要であったが、アルゼンチンの監督であるリオネル・スカローニとしては、サウジアラビアに対する敗戦が些細なことにすぎないということを証明するものとして、このメキシコ戦で大きく改善したパフォーマンスを見たかっただろう。特にサウジアラビア戦で負けるまで、アルゼンチンは36試合負けなしであったことを考えれば。しかしながら、試合の大半でアルゼンチンは生気も活気もなく、そうしたパフォーマンスは決して実現することはなかった。

前記のとおり、アルゼンチンは初戦でサウジアラビアに負けるという誰も予想していなかった最悪の結果になりました。そのため、第二戦目のメキシコ戦は是が非でも勝たなければなりませんでした。そんな状況を記事は「土曜日のメキシコ戦で勝利することは重要であったが（Though a win against Mexico on Saturday was crucial）」としています。

しかし、スカローニ監督としては、ただ単に試合に勝つだけではなく、「サウジアラビアに対する敗戦が些細なことにすぎないということを証明するものとして、このメキシコ戦で大きく改善したパフォーマンスを見たかっただろう（Argentina coach Lionel Scaloni will also have wanted to see a much-improved performance as proof that the loss to Saudi Arabia was nothing more than a blip）」と述べています。

　とりわけ（Not least）、ワールドカップが開催されたその初戦で「サウジアラビアに負けるまでは、アルゼンチンは36試合負けなしであったことを考えれば（given that before that Saudi defeat Argentina had gone 36 games unbeaten）」、スカローニ監督としてアルゼンチンチームが実力どおりにもっと良い試合内容を見せることを期待したのも当然のことだったと言えるでしょう。

　しかしながら（However）、スカローニ監督が期待したような「パフォーマンスは決して実現することはなく（that performance never materialized）」、「試合の大半でアルゼンチンは生気も活気もなかった（with Argentina looking **stale and lifeless** for much of the game）」と報じています。

　さて、ここではアルゼンチンの戦いぶりについて**stale and lifeless**という同義語を2つ連続して使っていることにご注目ください。

　この2語はほぼinterchangeable（互換性がある）といえますが、**stale**は特にビールや食べ物などが「気の抜けた」「鮮度が落ちた」という意味で使われることが多い一方、**lifeless**はもう少し汎用性が高い意味で使われるという違いがあります。

　しかし、いずれにせよ、stale and lifelessと同義語2語を連ねることによって、アルゼンチンの試合内容が期待外れに終わったことがよく分かります。

# ad hoc and improvisational

　もう1つ、形容詞の同義語が2つ連続した記事をご紹介しておきましょう。

　記事はイーロン・マスクに関するもので、彼がツイッター（現在はX）で行う非公式の世論調査結果をもとにしてツイッターの商品改変（product changes）を決定するような経営スタイルをとっていることに対して批判が集まっているという内容です。

　そうしたマスクの経営スタイルについて、記事ではどのように表現しているか注意しながらお読みください。

Musk's penchant for making major product changes based on little more than informal Twitter polls has highlighted his **ad hoc and improvisational** management style. But that approach has attracted growing criticism from many Twitter users. Last week, Twitter suspended several journalists who had reported on Musk's permanent ban of an account that tracked his jet.

(CNN, 2022/12/20)

### ●語注

| | | |
|---|---|---|
| penchant | 名 | 傾向、好み |
| poll | 名 | 世論調査 |
| highlight | 動 | 目立たせる |
| ad hoc | 形 | 即興の、その場しのぎの |

| | | |
|---|---|---|
| improvisational | 形 | 即興的な、臨機応変な |
| suspend | 動 | 一時的に停止する |
| permanent | 形 | 永遠の、永久の |
| ban | 名 | 禁止 |

**訳**

ツイッターを使った非公式の世論調査にすぎないものに基づいて大きな商品改変を行おうとするマスクの傾向は、彼の即興的な経営スタイルを目立たせることになった。しかし、そうしたマスクの経営手法は多くのツイッター・ユーザーからますます批判を受けることになった。先週、ツイッターはマスクの乗ったジェット機を追跡したアカウントをマスクが永久禁止処分にしたことを報道した何人かのジャーナリストのアカウントを一時的に停止した。

まず記事では、「マスクがツイッターを使った非公式の世論調査結果に基づいて大きな商品改変を行おうとする傾向があること（Musk's penchant for making major product changes based on little more than informal Twitter polls）」を指摘しています。

そして、そうしたマスクの性向は「彼の即興的な経営スタイルを目立たせることになった（has highlighted his **ad hoc and improvisational** management style）」としています。

ここで、マスクの経営スタイルを表現する形容詞として**ad hoc and improvisational**という2つの同義語が使われてい

306

ます。ad hocもimprovisationalも「**即興的な**」という意味ですが、**ad hoc**の場合は「即興的な」という意味でも、「臨時の」とか「特別の」という意味合いが強くなっています。そのため、on an ad hoc basis（臨機応変に）とか、ad hoc committee（特別委員会）などという語句でニュース英語ではよく使われます。

　一方、**improvisational**は同じ「即興的な」という意味でも、「物や食事などを即席でつくる」という意味合いが強く、特にジャズなどの音楽を即興でつくったり演奏したりすることなどによく使われます。

　また、このimprovisationalやその名詞形であるimprovisationからの派生語として、improvise（即興でつくる、即興で演奏する）という動詞もあり、よく使われています。


　では、記事に戻りましょう。記事は、「そうしたマスクの即興的な経営手法は多くのツイッター・ユーザーからますます批判を受けることになった（that approach has attracted growing criticism from many Twitter users）」と続けます。

　そして、そうしたマスクの「即興的」でもあり、見方によっては「独善的」ともいえるやり方の1つの具体例として記事は、「先週、ツイッターはマスクの乗ったジェット機を追跡したアカウントをマスクが永久禁止処分にしたことを報道した何人かのジャーナリストのアカウントを一時的に停止した（Last week, Twitter suspended several journalists who had reported on Musk's permanent ban of an account that tracked his jet）」という事例を挙げています。

通常、ツイッターぐらいの大企業になれば、各種の社内規程があり、さまざまな場合に応じて定まった手順のもとに措置を行うことになるのですが、ツイッターの場合はほぼマスクの一存で何でも決めてしまうことができるようになっているようです。

　もちろん、それはそれで企業としての1つの個性でもあり認められるべきではありますが、そうしたマスクの姿勢に反感を抱く人が多いことも事実です。


## mocked and ridiculed

　さて、ここまで名詞と形容詞の類義語や同義語が2つ連続して使われているニュース英語記事を取り上げてきましたので、ここからは動詞の類義語や同義語が連続して使われているニュース英語記事を見ていきたいと思います。

　そうしたニュース英語記事としてまずご紹介したいのは、CNNがトランプを単独で招いたタウンホール・ミーティングを開催したときの記事です。このタウンホール・ミーティングでは、会場に詰めかけた聴衆のほとんどがトランプ支持者だったということもあり、トランプが好き放題言っても聴衆はトランプを大声と大拍手で声援を送っていました。

　また、トランプをセクハラで訴えている女性たちに関してトランプが出鱈目ばかりを言っても、聴衆はそうした女性たちを逆に嘲笑するような態度をとったと記事は伝えています。

It was "a disgraceful performance" and "showed the corrosive effects of Trumpism over eight years," said Scarborough.

"The most shocking part," Scarborough said, was the audience "who cheered on a president who tried to overturn American democracy, an audience that **mocked and ridiculed** the woman who had been sexually assaulted."

(HUFFPOST, 2023/5/11)

●語注

| disgraceful | 形 | 恥ずかしい、みっともない |
| corrosive | 形 | 腐食する、蝕む |
| overturn | 動 | ひっくり返す、転覆させる |
| mock | 動 | バカにする、嘲笑する |
| ridicule | 動 | あざける、冷笑する |

訳 ─────

あれは「恥ずかしい見せ物で、過去8年間におけるトランプ主義の腐敗的な影響を示すものであった」とスカーボロは語った。またスカーボロは次のようにも語った。

「最も衝撃的であったのはアメリカの民主主義を転覆させようとした大統領に声援を送った聴衆であり、また彼らはセクハラを受けた女性をバカにし嘲笑したのである」と。

まず記事は、「そのタウンホール・ミーティングは恥ず
かしいもので、過去8年間におけるトランプ主義の腐敗的
な影響を示すものであった（It was a "disgraceful perfor-
mance" and "showed the corrosive effects of Trumpism over
eight years"）」とするジョー・スカーボロの言葉を引用し
ています。

　なお、スカーボロはMSNBCのMorning Joeという朝の人
気番組の司会者で、以前はトランプと蜜月であった時代も
ありました。しかし、トランプが大統領になって以降は、
さまざまな意見の相違から両者の関係は大きく悪化し、今
では不倶戴天の敵のような関係になっています。そんな両
者の関係ですから、上記のようにスカーボロがトランプを
叩くのも納得できます。

　スカーボロの発言はまだ続きます。具体的には、「最も
衝撃的であったのはアメリカの民主主義を転覆させようと
した大統領に声援を送った聴衆（The most shocking part
was the audience who cheered on a president who tried to
overturn American democracy）であったとしたうえで、こ
れらの聴衆は「トランプからセクハラを受けた女性をバカ
にし嘲笑した（an audience that **mocked and ridiculed** the wom-
an who had been sexually assaulted）」と述べています。

　ここでは、**mocked and ridiculed**という2つの動詞の同義
語が使われています。mockとridiculeは基本的には同義語
と考えていただいてよいと思いますが、あえて両語の違い
をあげるとすれば、**ridicule**は「嘲笑する」という意味を

広く表現する一般的な語だといえる一方、mockには「嘲笑する」という意味でも特に皮肉っぽさを感じさせる語です。

しかし、そんな細かい意味の違いにとらわれる必要はなく、mock and ridiculeと2語一緒で覚えていただければと思います。


## demean and degrade

アメリカではいつになっても人種差別問題が収まらず、折に触れてこの問題が事件やスキャンダルとなりメディアで取り上げられます。次にご紹介するのも、人種差別、特に黒人差別に関する記事です。

具体的には、「ブラックフェース」と呼ばれる黒人差別問題です。ブラックフェースとは化粧をして黒人のような黒い肌に顔を塗ることです。もともとは1830年代から20世紀前半まで続いた「ミンストレルショー（minstrel shows）」で白人の俳優が顔を黒塗りにして出演していたことに由来します。

そうした由来から、ブラックフェースには黒人を嘲笑するという意味合いが強く、今では黒人に対する非常に侮蔑的な行為であると考えられています。しかし、政治家や著名人が大学生時代に出席したパーティーなどでブラックフェースになっている写真がメディアで暴露されて批判されることが今でもしばしば起こっています。

このように、ブラックフェース問題は今でもしばしば起

こり、メディアで大きく取り上げられていますが、記事では、まだアメリカ人はその教訓を学んでいないという黒人歴史文化博物館の学芸員の言葉を紹介しています。

"You get an opportunity to walk like, talk like, look like what you imagine black people to be," Pilgrim says.
Imitation, in these instances, isn't a form of flattery. "People don't seem to learn the lesson" presented each time a black face incident surfaces, says Dwandalyn Reece, curator of music and performing arts at the Smithsonian's National Museum of African American History and Culture. "They're not really trying to understand how the stereotypes work to **demean and degrade** black people."

(USA TODAY, 2019/2/8)

●語注

| flattery | 名 | お世辞、おだて、追従 |
|---|---|---|
| incident | 名 | 出来事、事件 |
| surface | 動 | 表面化する、浮上する |
| demean | 動 | 品を落とす、恥をかかせる |
| degrade | 動 | 対面を傷つける、評判を落とす |

訳 ──────────

「あなたは自分が黒人ならそうするであろうと想像するような歩き方をしたり、話し方をしたり、見え方をする

機会があるだろう」とピルグリムは述べている。

　しかし、こうした場合、真似をするというのはお世辞ではない。「ブラックフェース事件が表面化するたびに提供される教訓を人々は学んでいないように思われる」と、スミソニアン国立黒人歴史文化博物館の音楽演劇担当学芸員であるデュワンダリン・リースは語った。「彼らはそうしたステレオタイプがいかに黒人に恥をかかせ傷つけることになるかということを本当に理解しようとはしていないのだ」

---

　では、記事を見ていくことにしましょう。まず記事では、「あなたは自分が黒人ならそうするであろうと想像するような歩き方をしたり、話し方をしたり、見え方をする機会があるだろう（You get an opportunity to walk like, talk like, look like what you imagine black people to be）」とピルグリムという人の言葉を引用しています。

　黒人の中には白人と違った独特の歩き方や話し方をする人もあり、特に人種差別的傾向の強い人はそうした黒人の特徴を誇張する傾向があります。しかし、肌の色だけは誇張によって真似することができません。そこで彼らが考え出したのが顔を黒く塗るというブラックフェースだったのです。

　もちろん、ブラックフェースなどの手段によって黒人の「真似をすることはお世辞ではない（Imitation, in these instances, isn't a form of flattery）」のですが、記事では、「ブラックフェース事件が表面化するたびに提供される教訓を

人々は学んでいないように思われる（People don't seem to learn the lesson presented each time a black face incident surfaces）」という黒人歴史文化博物館の学芸員の言葉を引いています。

そして、さらに記事はその学芸員の言葉を続けて、「彼らはそうしたステレオタイプがいかに黒人に恥をかかせ傷つけることになるかということを本当に理解しようとはしていないのだ（They're not really trying to understand how the stereotypes work to **demean and degrade** black people）」という嘆きの言葉を引用しています。

英語面では、ここで**demean and degrade**というほぼ同義語といってもよい動詞2つが使われています。

語注にも書きましたように、**demean**は「品を落とす」「恥をかかせる」という意味で、**degrade**は「対面を傷つける」「評判を落とす」という意味です。

これら2語はほぼ同義語といってもよい動詞ですから、どちらか1語だけ使ってすませることも可能です。しかし、**同義語や類義語を2つ重ねることによって意味を強調したり、誤解の可能性を防いだり、さらには文体の調子をよくするという効果もありますので、特にレトリックを重視するニュース英語では、こうした同義語や類義語を2つ連続して使うという記事が多くなっているわけです。**

# spin, distort, prevaricate and lie

　さて、本書もいよいよ最後のニュース記事をご紹介することになりました。ここでは、それにふさわしいニュース記事をご紹介したいと思います。

　ここでご紹介するニュース記事では、これまでご紹介してきたような同義語や類義語が2つ連続するものと違って、なんと同義語が4つも連続する非常に珍しい記事です。

　記事はForeign Policyという外交専門誌に国際政治学の大家でハーバード大学教授でもあるスティーブン・ウォルト（Stephen Walt）が寄稿したもので、プリゴジン事件のような敵国での内輪揉めがあると、ウクライナや西側諸国はそれを利用して、敵国内での反対運動を促すように仕向けようとするものだというのが記事の趣旨です。

It's hardly surprising that Ukrainian and Western officials would seize upon an event like the Prigozhin affair to encourage dissent in Russia, rally support at home, and defend their policy choices. Governments of all kinds **spin, distort, prevaricate, and lie** to advance their aims – especially when they are at war.

(Foreign Policy, 2023/7/21)

## ●語注

| | | |
|---|---|---|
| seize upon | 熟 | ～を捕まえる、つかむ |
| dissent | 名 | 異議、反対意見 |

| rally | 動 | 呼び集める、結集させる |
|---|---|---|
| spin | 動 | 自分に都合よく解釈する |
| distort | 動 | 歪める、歪曲する |
| prevaricate | 動 | 嘘をつく、言い紛らす |
| aim | 名 | 目的 |

**訳**

　ウクライナや西側諸国の政府高官が今回のプリゴジン事件のような出来事を捉えて、ロシアにおける反対意見を奨励したり、国内で支援を集めたり、彼らの政策を弁護しようとするのは何も驚くべきことではない。どんな種類の政府も彼らの目的を前進させるためには、事実を自分たちに都合よく解釈したり、歪曲したり、嘘をついたりするものである──特に戦争中においては。

　記事では、まず「ほとんど驚くべきことではない（It's hardly surprising）」と明確に断言しています。では何が「ほとんど驚くべきことではない」のかといいますと、それについてはthat以下に書かれています。

　すなわち、「ウクライナや西側諸国の政府関係者はプリゴジン事件のような出来事を捉えて、ロシア国内における反対運動を促進したり、国内での支持を集めたり、自分たちの政策選択を守ろうとする（Ukrainian and Western officials would seize upon an event like the Prigozhin affair to encourage dissent in Russia, rally support at home, and defend their policy choices）」ことは、ほとんど驚くべきことでは

ないということを言っています。

　まさにこれが国際政治の冷厳なる事実というもので、プリゴジン事件のような敵国ロシアにおける内輪揉めは、ロシアと戦っているウクライナや西側諸国にとっては、敵国ロシア内の騒乱や政府に対する反対運動を助長するまたとない絶好の機会でもあるわけです。
　ウォルト教授はプリゴジン事件を引き合いにして、ロシアと敵対するウクライナや西側諸国はこれを最大限利用しようとするとしていますが、ウォルト教授はこうした行動をとるのは何もウクライナや西側諸国だけではないとして次のように続けます。

　具体的には、「どんな種類の政府も彼らの目的を前進させるためには、事実を自分たちに都合よく解釈したり、歪曲したり、嘘をついたりするものである──特に戦争中においては（Governments of all kinds spin, distort, prevaricate, and lie to advance their aims – especially when they are at war）」と述べています。
　つまり、これとは逆に、西側諸国で騒乱や事件があれば、当然ロシアはそれを利用して西側諸国を撹乱しようとするということです。

　そして、ウォルト教授はそうした手段としてどんな政府でも行うのが「事実を自分たちに都合よく解釈したり、歪曲したり、嘘をついたり」することだとしていますが、ここではそれらを表現するものとして、spin, distort, prevaricate, lieという4つの類義語を使っています。

　これまでにも見てきましたように、ニュース英語では同義語や類義語が2つ続くことはよくあるのですが、この記事のように4つ連続するのは非常に珍しいといえます。

　これら4語のうち、まずspinについては、ニュース英語では主として政治用語として使われ、政治家や政権関係者が彼らにとって都合が悪いこと（たとえば政治家の失言など）が起こった場合、それによるダメージが大きくならないように、「事実を自分たちに都合よく解釈し情報操作する」ことを意味します。そのため、政権のスポークマンや広報担当のことをspinmeisterと称したりします。

　このように、spinは自分たちに都合よく解釈し情報操作するという意味ですから、言い換えれば事実を「歪曲する（distort）」「嘘をつく（prevaricate, lie）」というのとほぼ同じ意味になるわけです。

　ウォルト教授は学者でありジャーナリストではありません。しかし、彼のような学者にもこうした同義語や類義語を連続して使うという英語のレトリック感覚が染みついていることが、この記事からも読み取ることができると思います。

日本人が苦手な語彙・表現がわかる

# 「ニュース英語」の読み方

発行日 2024 年 3 月 22 日 第 1 刷

| | |
|---|---|
| Author | 三輪裕範 |
| Book Designer | 國枝達也 |
| Publication | 株式会社ディスカヴァー・トゥエンティワン |
| | 〒 102-0093　東京都千代田区平河町 2-16-1 平河町森タワー 11F |
| | TEL　03-3237-8321（代表）　03-3237-8345（営業） |
| | FAX　03-3237-8323 |
| | https://d21.co.jp |
| Publisher | 谷口奈緒美 |
| Editor | 藤田浩芳　三谷祐一　（編集協力：渡邉淳） |
| Distribution Company | 飯田智樹　古矢薫　山中麻吏　佐藤昌幸　青木翔平　磯部隆 |
| | 小田木もも　廣内悠理　松ノ下直輝　山田諭志　鈴木雄大 |
| | 藤井多穂子　伊藤香　鈴木洋子 |
| Online Store & Rights Company | 川島理　庄司知世　杉田彰子　阿知波淳平　王廳　大崎双葉 |
| | 近江花渚　仙田彩歌　滝口景太郎　田山礼真　宮田有利子 |
| | 三輪真也　古川菜津子　中島美保　厚見アレックス太郎 |
| | 石橋佐知子　金野美穂　陳鋭　西村亜希子 |
| Product Management Company | 大山聡子　大竹朝子　藤田浩芳　三谷祐一　小関勝則　千葉正幸 |
| | 伊東佑真　榎本明日香　大田原恵美　小石亜季　志摩麻衣　野崎竜海 |
| | 野中保奈美　野村美空　橋本莉奈　星野悠果　牧野類　村尾純司 |
| | 斎藤悠人　浅野目七重　神田登美　波塚みなみ　林佳菜 |
| Digital Solution & Production Company | 大星多聞　中島俊平　馮東平　森谷真一　青木涼馬　宇賀神実 |
| | 小野航平　佐藤淳基　舘瑞恵　津野主揮　中西花　西川なつか |
| | 林秀樹　林秀規　元木優子　福田章平　小山怜那　千葉潤子 |
| | 藤井かおり　町田加奈子 |
| Headquarters | 蛯原昇　田中亜紀　井筒浩　井上竜之介　奥田千晶　久保裕子 |
| | 副島杏南　福永友紀　八木眸　齋藤朋子　高原未来子　俵敬子 |
| | 宮下祥子　伊藤由美　丸山香織 |
| Photo | イメージマート |
| DTP | 株式会社 RUHIA |
| Printing | 共同印刷株式会社 |

・定価はカバーに表示してあります。本書の無断転載・複写は、著作権法上での例外を除き禁じられています。
　インターネット、モバイル等の電子メディアにおける無断転載ならびに第三者によるスキャンやデジタル化もこれに準じます。
・乱丁・落丁本はお取り替えいたしますので、小社「不良品交換係」まで着払いにてお送りください。
・本書へのご意見ご感想は下記からご送信いただけます。
　https://d21.co.jp/inquiry/

ISBN 978-4-7993-3022-7
NIHONJINGA NIGATENA GOI/HYOGENGA WAKARU[NEWS EIGO]NO YOMIKATA by Yasunori Miwa
©Yasunori Miwa, 2024, Printed in Japan.